U0754357

THAT WHICH IS
SEEN

看得见的
与看不见的

商界、政界及经济生活中的隐形决策思维

［法］巴斯夏 著 刘霁 译

AND THAT WHICH IS
NOT SEEN

台海出版社

图书在版编目（ＣＩＰ）数据

看得见的与看不见的 / (法) 巴斯夏著 ; 刘霈译.
－－ 北京 : 台海出版社, 2018.5（2021.9重印）

ISBN 978-7-5168-1808-4

Ⅰ.①看… Ⅱ.①巴… ②刘… Ⅲ.①经济决策
Ⅳ.①F202

中国版本图书馆CIP数据核字(2018)第109136号

看得见的与看不见的

著　　者：（法）巴斯夏	译　　者：刘　霈
出 版 人：蔡　旭	封面设计：MM末末美书
责任编辑：王　萍	

出版发行：台海出版社

地　　址：北京市东城区景山东街20号　邮政编码：100009

电　　话：010—64041652（发行，邮购）

传　　真：010—84045799（总编室）

网　　址：www.taimeng.org.cn/thcbs/default.htm

E － mail：thcbs@126.com

经　　销：全国各地新华书店

印　　刷：固安县保利达印务有限公司

本书如有破损、缺页、装订错误，请与本社联系调换

开　　本：710毫米 × 960毫米		1/16	
字　　数：115千字		印　　张：12	
版　　次：2018年8月第1版		印　　次：2021年9月第5次印刷	
书　　号：ISBN 978-7-5168-1808-4			

定　　价：39.80元

一个经济学家应该同时考虑"什么是可以观察到的，而什么又是不可以观察到的"！

——弗雷德里克·巴斯夏

从破窗理论开始谈思维谬误

弗雷德里克·巴斯夏（Frederic Bastiat）是法国的经济学家、政治家与作家，古典自由派经济学的代表人物。他被视为自由经济的伟大先驱，包括**哈耶克（F.A. Hayek）、黑兹利特（Henry Hazlitt）、罗斯巴德（Murray N. Rothbard）**在内的很多著名经济学家都深受其影响。**罗振宇的逻辑思维多次推荐的《一课经济学》就是以本书为蓝本写成的。**读者在阅读后就可以深深地感受到两者之间的"血缘"联系，不过《看得见的与看不见的》所研究的决策思维的涵盖领域要更广泛一些。

诺贝尔经济学奖得主哈耶克把巴斯夏称为政治经济评论的天才。他在谈到本书时说："正如《看得见的与看不见的》，从来没有人用这么简单的书名一句话，就清楚地揭示了理性经济政策的核心困难，我更愿意说是，经济自由的确切论述。"

需要说明的是，本书主要是在法国大革命前后完成，与托克维尔的《旧制度与大革命》成书于同一时期——当时的法国正急速走向社会主义，新政策、管制政策层出不穷、高层贪腐，身为立法议会议员的巴斯夏，挺身而出，为公民自由、私有财产制、自由贸易辩护，他驳斥了政府刺激经济、扶持文艺、扩张公共工程的观点以及为防止失业而抵制机器和反对军人退伍等主张。了解了这一背景，我们就更容易理解书中所提到的一些问题。

而《看得见的与看不见的》的成书可谓"一波三折"：作者巴斯夏在搬家时丢失了手稿，花费了很多时间、很多精力也没有找到；巴斯夏决定全部重写，并挑选了自己刚刚在国民公会发表的讲话作为论文的主要基础，再次成稿后巴斯夏又觉得太过严肃，因为他希望呈现的是**"人人都能理解的经济真相"**，于是二稿又被付之一炬；巴斯夏再次重写了本书，这才有了今天我们看到的这部兼具幽默与讽刺的经典。**它让我们知道政府的决策怎样影响普通人的生活，我们应该怎样解读经济政策，人们如何才能有更好的生活。**

巴斯夏在本书中分析了一类经济学里常见的谬误，谬误的产生是由于决策者只看到眼前或短期可见的后果，这种谬误被巴斯夏称之为：破窗理论。**破窗理论在赋税、艺术补贴、公共工程等很多个领域，都成了特殊利益集团以及一部分无知者的口头禅。**顺便提一句，巴斯夏正是"破窗"的提出者，这一理论在作者去世五十多年后才正式固定下来。而在这本书中，巴斯夏用一个简明的例子说明了他的见解：店主的儿子不小心打破了窗户，有人却认为这是好事，因为这带来了金钱的流动，将给玻璃工带来6法郎的生意，而玻璃工又用它去消费别的物品……最终的结果是，一块窗户的破碎引起的连锁反应将促进整个社会的发展。事实真的如此吗？正如巴斯夏指出的，破坏或浪费造成玻璃工的收入是可见的，但店主却因为损失了6法郎，他无法再用这笔钱去消费则是不可见的。评估一项决策的好坏——我们应该时刻关注那些不可见的影响。后来黑兹利特利用巴斯夏的方法，对破窗理论进行了拓展，强调对任何行为或政策，一定要观察其长远影响，还要追踪对所有群体造成的影响。

这对我们个人有什么启示呢？

我们知道人类的思维方式存在很多缺陷，其中之一就是损失厌恶——**我们更喜欢从一个初始价位出发来判断一个经济行为是赚还是亏，换句话说，我们更容易被眼前能看到的损失所触动，对无形的损失却缺少感觉，也因此很容易落入各种经济陷阱。**陈泉州的《魔鬼金融学》对此有着详细的论述，阅读后我们会发现，有时候人类真的并不比一只僧帽猴高明多少。

现实中存在着各种正反馈、负反馈，存在着复杂的变化链条。建立正确的决策思维，对于我们来说甚至可以算得上是一种生活技能，而且当你拥有了"看得见的和看不见的"全新思维模式，再用这种思维重新审视我们在经济和社会生活中遇到的各种问题，一定会有不一样的感受和收获！

译者

2018年1月30日

看得见的与看不见的

我们会发现，在经济领域中每一个行动、每一种习惯、每一项法律法规，往往都会导致超出我们预想的一系列后果。这些后果中，有些是随着改变立即出现让我们当时就能看到的，而有些后果则需要过段时间才能显现出来。它们总是不被人注意到。如果我们能够提前预知这些后果，我们就很幸运了。

事实上，优秀经济学家与糟糕经济学家之间的区别只有一点：糟糕经济学家目光短浅，他们只看得见目前能够看到的后果，而优秀经济学家却思虑深远，兼顾眼前的同时还能考虑到那些只能推测到的后果。不要小看这种区别，两者之间的差距可太大了，因为一般情况都是，经济政策刚实行时，眼前的效果看起来很不错，而后续的结果却很糟糕，或者干脆产生反效果。于是，事情经常就是，糟糕经济学家总是为了追求一些当下的好处而对后面可能产生的巨大弊端不管不顾，而优秀经济学家却宁愿背负眼前的小小困难而追求未来的较大的收益。

其实在卫生和道德领域我们也可以看到同样的现象。生活放荡、懒惰、挥霍浪费等习惯虽然会在当时让人觉得舒服，但是后来总是在后来给你的生活带来无尽的痛苦和祸患。一个人如果仅仅注意到某种习惯的可以看得见的后果，而没有考虑到那些在当时还看不到的后果，他就会耽于一时的享乐。他这样做，不仅仅是天生的嗜好，通常也是他们自以为是经过深思熟虑的。

　　成功往往是从痛苦中锻造而来，下面这个例子或者可以给我们一点启示。当一个人还在摇篮中牙牙学语的时候，他其实是处于懵懂的无知之中，无法判断行为可能产生的后果，因此，只能根据行动的眼前后果来调整自己的行动。老实说，在一个人年幼的时候，他也只能看到这种后果。只有在经过较长时间的磨炼后，他才知道还应该考虑其他后果。教训和远见是两个态度截然不同的老师，它们会教他认清这一点。教训有效而残酷地教育了他。我们的深切感受教导我们应该了解一个行动的所有后果：如果火烧伤了身体，我们就会在痛苦中认识到，我们应该安全用火，不能让它碰触到我们。不过，我还是想尽可能地用一个更温和的老师即远见替代这位过于粗暴的老师。为此，我将研究一下几个经济现象的各种后果，把看得见的后果与看不见的后果进行一番对比。

目　　录

第一章　破窗理论

那位好心的老店主詹姆斯先生[1]生气的样子你可曾见过？当时，他那调皮又鲁莽的儿子在游戏中不小心打破了一块窗户玻璃，如果当时你在场的话，就会有幸看到这样的场景，所有的围观者——哪怕他们有三五十人之多——都会异口同声地安慰这位不幸的店主："看开点吧，遇到这样的倒霉事儿也没办法，好在天下总有人会因此得到好处的。人总得有个活计呀，你想一下，如果玻璃老是不破，玻璃工还怎么活呀。"

现在，这种陈腐的安慰已经在社会上演变成了一种流行的理论，我们将用砸破玻璃窗这个简单的例子来说明这一理论。在我们的例子结束后，我们会发现，我们绝大多数的经济制度就是在这样的理论指导下制定的。

假定这块玻璃的价值是6法郎，安慰者就会说，你瞧，这个小事故给随便哪个玻璃工带来了6法郎的生意——没错，它提供了6个法郎的生

1　法语，Jacques Bonhomme 指讲究实际的、负责任的、傲慢不逊的普通人，与英语中的"约翰牛"用法类似。——译者注

意——这点我承认，我当然不会说这样说不对。至少从表面上看来安慰者的话似乎很有道理，玻璃碎了，某位玻璃工修好它，然后从店主手里拿到6个法郎，他把钱揣进腰包，而心里则感激那个调皮捣蛋的孩子。这些都是我们能够看到的。

但是，就另一方面来看，假如你根据上述的结果就得出结论说打破窗户玻璃是件好事，说这能使资金运转起来，由此可以推进整个工业的发展（生活中，人们确实常常不加思考地得出这样的结论），那我就要大喊一声了：打住！世界上哪有这种好事！你把整件事看成是正面的，说明你只看到了能看到的一面，而没有考虑看不到的一面。

我所说的看不到的那一面就是，因为我们的这位店主先生在这件事上花了6个法郎，他就不能用这6法郎干别的事了。如果他不修补这扇窗户，那么，或许就可以用这笔小款子给自己买双漂亮的皮鞋，或者给自己的书架上再添一本新书。简而言之，如果没有发生这起事故，他就可以用这6法郎干别的事。

如果我们把工业看作一个整体，那么这一事故对它的影响如何呢？现在窗户打破了，玻璃工多了一个6法郎的生意，这是我们已经看到的；而如果窗户没有破，鞋匠或者书店老板（也可能是别的什么人）就会增加6个法郎的收入，这是我们看不见的。

而如果在看得见的一面之外——这是积极的事实，考虑一下看不见的一面——这是消极的事实，那么，我们就会明白，对于整个工业发展乃至于全国的就业推进来说，不管玻璃有没有打破，都没有好处。

现在，让我们站在老好人詹姆斯先生的角度考虑一下整个情况。第一种情况：如果窗户被打破了，他只得从口袋中掏出6法郎去修补，那么，他从窗户中得到的享受，虽然不会比从前少，但也不会比从前多。第二种情况：假如窗户没有被打破，他也就可以拿这6个法郎去买鞋，于是，他在继续享用明亮窗户的同时，还可以得到一双漂亮的新鞋。鉴于老好人詹姆斯先生是社会的一个组成部分，因此我们可以得出以下结论：对得失进行一下综合考虑，那么，我们已经丧失了被打破的窗户的价值。

概括一下整个事件，我们可以从中得出这么一个出人意料的结论："有些东西被毫无意义地毁灭了，社会平白损失了某些资产。"我们必然会同意这么一个令贸易保护主义者毛骨悚然的真理："破坏、毁损和浪费，实际上并不能增加国民资产。"或者更简单地说，"破坏并不是有利可图的"。

《工业观察报》[1]你对此有什么异议？或者令人尊敬的查曼斯先生[2]的弟子们，你们对此还有何话说？你们的老师曾经那么精确地计算过，如果烧毁整个巴黎，那将有多少房子要重建，会带来多少生意啊。

---

1 这是当时法国贸易保护主义保护组织国内工业保卫委员会所办的一份报纸。——译者注
2 查曼斯子爵（Vicomte de Saint Chamans, 1777—1860年），复辟时期的议员和国务委员，贸易保护主义者，贸易平衡的鼓吹者。——译者注

　　我很抱歉破坏了人家富于独创精神的计算，尤其是因为这种精神已经渗透到我们的立法中。不过我还是得麻烦他另算一遍，这一次只要在所有看得见的数目旁边加上看不见数目。

　　读者在进行观察时，必须牢记一点，在我讲的那个小故事中，并非只有两个当事人，我请大家关注一下隐藏在幕后的第三个人。一方是老好人詹姆斯先生，他代表着消费者，他本来可以有两样东西享受，但由于一个无心的破坏行为，他现在只能享受一样了。代表另一方出场的是玻璃工，作为生产者的代表，他兴高采烈地张开双臂欢迎更多打破窗户的事故发生。第三方则是鞋匠（或者别的行当的商人），他无辜地由于同一事故而遭受了同样数额的损失，尽管这种损失连他本人都未察觉。这第三个人一直藏在阴影中，因此我们一直没有留意到，但他却是这一问题中一个必不可少的因素。正是他向我们揭示了我们能从破坏行动中得到利润的想法是多么荒唐；正是他，马上就可以给我们上一课：以为从限制贸易中能够得到多少好处的想法，其实更荒唐。毕竟，所有的破坏性行为加一起，也不会比这更荒唐了。因此，如果你把所有为贸易限制辩护的论证追根溯源，你所看到的，其实就只是这种老百姓的大白话：如果没有人打破窗户，玻璃工还怎么活呀。

第二章　军队复员的影响

　　从某种意义上来说，一个国家跟一个人有很高的相似性。如果一个人想让自己过得惬意一些，他就得弄清为此付出的代价是否值得；而对一个国家来说，最大的幸福就是在安全方面获得无忧的保障。如果为了获得这种保障，必须动员10万人，花费1亿法郎，那我就无话可说了。这是付出了巨大代价来换取的一种享受。

　　对于我想就这个问题发表的看法，请大家不要有什么误会。

　　一位尊贵的议员曾经提出了一个建议：复员10万军人，这样做的好处是非常明显的——它将减轻纳税人1亿法郎的税负。我们假设现在有人对他的提议进行反击："这10万人和这1亿法郎是维护我们国防安全所不可或缺的，这个代价确是很高昂。但是如果不付出这些代价，法国就会陷入内乱，或者可能会遭遇外敌入侵。"在这里，我不想反驳这种看法，这种看法在不同的场合可能有不同的研判标准，可能正确，也可能错误，不过，至少从经济学理论上来说，却算不上胡言乱语。真正的胡言乱语应该是说，这种代价本身就体现了某种收益，因为它能给有些人带来好处。

如果我料想不错，提出这一复员议案的人刚走下讲台，就会有一位雄辩家迫不及待地冲上去，开始滔滔不绝地演讲：

复员10万军人！你脑子里在想什么？假如让这些人都复员我们的国家会变成什么样子？他们靠什么生活，他们从哪儿赚钱？你难道不知道现在到处都在闹失业吗？所有的职位都有很多人排队等着干？难道你想不负责任地把他们扔进市场，加剧竞争，进一步压低工资水平？如果最后他们连饭都吃不饱，不得不由国家来供养这10万人，这对我们又有什么好处？再考虑一下军队所消费的酒、服装和武器，这些东西，让很多工厂和驻军城镇有生意可做，对于无数供应商来说，这可是一笔飞来的横财啊。用用你的脑子吧，你的异想天开可能让这么多工厂关门大吉，你难道就无动于衷吗？

从这番讲话中我们弄清楚了，他之所以赞成维持10万兵员，并不是因为国家需要这么多人在军队中服役，而是出于经济的原因。而我下面要驳斥的正是这些说法。

纳税人的1亿法郎当然是一笔巨款，这笔钱不但能使10万军士自己过得不错，也能让他们的供应商过上好日子——这些都是看得见的。

与此同时我们也要清楚一点：从纳税人口袋中掏出的这1亿法郎，就不能用于这些纳税人自己和他们的供货商的生计了，数额也不会变，还是1亿法郎。这是看不见的。算一算想一想吧，然后你说说，对于全部国民来说，这样做好处在哪儿？

　　让我来告诉你我们在哪儿蒙受了损失。为了方便读者理解，下面我们把数值缩小，不谈10万人和1亿法郎，我们就说说一个人和1000法郎吧。

　　假设在一个A村庄，征兵官在村里到处转悠，征召到一个人。税务官也不辞辛劳地在村里转了一圈，征到1000法郎的税款。然后这个人和这笔钱都被押送到东北部的小城市梅斯[1]（Metz），这个人什么也不用干，只要本分地在这里可以过上一年跟以前不一样的生活就可以。如果你只注意梅斯本身——没错，你已经反复研究几百遍了——你觉得这可真是一件好事，有利可图啊。但是，如果你回头再看看A村庄，那么，你眼睛没有问题的话，你就会看到，这个村庄莫名其妙地损失了一个壮年劳动力，也损失了可以作为他的劳动报酬的1000法郎，也损失了他细水长流地花这1000法郎所能带来的各种生意。

　　乍一看，这些损失似乎已经弥补上了：村庄里的人和钱一点没有损伤，它们好好地在待在梅斯呢，不过本来应该在村庄里发生的一连串经济往来现在搬到了梅斯而已。在那个村庄中，他是一个辛苦劳动的庄稼人，是个劳动人民；而在梅斯，他成了一位士兵，他的生活就是单调的"向右看齐！""向左看齐！"而已。在两个地方，金钱的使用和循环是一样的。然而在A村庄，有某个人一年365天都在从事生产性的劳动；

────────

1　梅斯（Metz），法国城市，位于法国东北，毗邻德国。——译者注而在梅斯，他每年365天却是在干不产生收益的事情。当然，我们并不是否定军队的重要性，这只是假设，毕竟对于公共安全来说，军队是必不可少的一部分。

现在，这些军队要被遣散了。你满怀忧虑地跟我说，市场上突然增加了10万工人，会加剧竞争压力，进而抑制平均工资水平。好吧，这是你所看到的。

这里其实还有你没有看到的一面。你没有看到，10万士兵复员回家，并不意味着1亿法郎凭空消失了，而是把它归还给纳税人了；你没有看到的是，用这种办法把10万新工人放进市场的同时，也把1亿法郎投入到市场中用以支付他们的劳动；因而，在增加劳动力供应的同时，劳动力的需求也等量地增加了，据此可以得出结论，你说工资将被压低，仅仅是一种幻觉而已。你没有看到，在遣散之前和遣散之后，1亿法郎都与10万人配套存在，而唯一的不同之处在于：在遣散之前，国家把1亿法郎给那10万人，他们却什么也不干；而在遣散之后，这1亿法郎却可以让10万人工作创造价值。最后一点，你也没有看到，纳税人交出自己的钱，不管是给一位士兵然后什么也得不到，还是给一位工人以换取某种产品或服务，在这两种情况下，这些钱周转长远后果都是相同的，唯一不同的地方就在于，在第二种情况下，这位纳税人能够得到某种东西，而在第一种情况下，他什么也得不到。

我在这里所批判的这种谬论，它不可能经受住将其推论到极致的考验，而这恰恰是所有理论原则的试金石。我们试想一下，如果说扩大军队规模有利于国家经济发展，那么，干吗不让本国所有的男人都穿上制服呢？

第三章　赋税

　　回想一下，你是否曾经听什么人说过类似的话："纳税是最好的投资，它们是培育生命的甘露。想想吧，赋税让多少家庭能够维持生存，然后再想象一下它们对工业的间接影响，它们的好处可真是数不胜数啊，就像生活本身一样无边无际。"

　　我不得不再次重复前面的论证以驳斥这种荒谬的说法。政治经济学的理论已经说得非常清楚，它的论点比较严肃，人们无法对它随意指手画脚。因此，跟巴斯勒[1]（Basile）一样，政治经济学也为自己的应用"准备"了好几个谚语，我们可以肯定，在它看来，教育就是不断地重复。

　　政府官员花掉他们的薪水所享受的好处是可以看得见的，这些钱给他们的供应商带来的好处也是可以看得见的。就你那短浅的目光而言，那些话无疑是正确的。但是，渴望减轻税收负担的纳税人的不幸，你却没有看见；供应他们必需品的那些商人由此而遭受的经济损失，你就更看不见了，尽管这些事实是明摆着的，头脑清醒点的话你完全可以认

1　在《塞维利亚的理发师》第二幕中，音乐家巴斯勒 Basile 说："我已经准备了好几个不同的谚语。"——译者注

识到。

假如一位政府官员多花了100苏[1]，这就意味着，纳税人自己要少花5法郎。政府官员的花费是看得见的，事情明摆着已经发生了，而纳税人那边的情况却是看不见的，这是因为，唉，他根本没办法花到那笔钱了。

你作了一个巧妙的比喻：高温中逐渐干裂的土地（国家），正等着可以救命的及时雨（赋税）。这个比喻没有什么差错，不过，你也应该多问自己一句，这场及时雨是从哪儿来的？这场及时雨是不是从某个湿润的地方蒸发上来从而使这个地方也变得干涸了？

你应该再进一步问问自己，这块土地从这场及时雨中得到的宝贵雨水，是不是比它由于蒸发而流失掉的水分要多得多？这是不是一种浪费？

当老好人詹姆斯先生从口袋里掏出100苏给税务官时，我们可以确定的一点是，他本人什么也没有得到。后来，当一位政府官员在消费100苏的时候，又把它还给老好人詹姆斯先生，以换取他所需要的同等价值的小麦之类的东西或者其他服务。最终的结果是老好人詹姆斯先生白白损失了5个法郎。

政府官员几乎总是能够向老好人詹姆斯先生提供等值的服务，以补

---

1 法国过去使用的一种辅助货币，20 苏等于 1 法郎，苏在法国大革命后被取消。——译者注

偿他交纳的那笔税款。如果情况真是这样，那么，这件事也还算是公平的，这仅仅是一种交换关系，因此，我们的论点一点都不涉及官员的那些有效功能。好吧，我想说的其实是：如果你想设计一个政府职位，那么，就请先说明它的用处何在。向老好人詹姆斯先生证明他能得到等值的服务，他付出那笔钱确实是物有所值，而除了这些内在的固有的效益之外，不要再像支持创建新官僚机构的人士那样胡言乱语，说什么这些机构可以为官员本身、为他的家人、为那些供应他们日常用品的商人带来多大的好处；也不要说这能创造多少就业机会。

如果老好人詹姆斯先生把100苏交给某位政府官员并得到了真正有用的服务，那么，这种情况就跟他把120苏给某位鞋匠从而换到一双鞋没有区别。这是种买卖交换关系，其结果对双方都是公平的。但是，如果老好人詹姆斯先生拿出100苏给政府官员，却没有得到等值的服务，甚至因此给自己带来了麻烦，那么，这就相当于他把自己的钱给了个盗贼。别再说政府官员花费的这100苏会给我们国家的工业生产带来多大的好处，这种说法毫无意义；比起政府官员，盗贼甚至可以用这些钱做更多的事，如果老好人詹姆斯先生没有倒霉地碰上这两位合法的或非法的寄生虫，他自己也完全可以给这笔钱派上更多用场。

因此，我们一定不能仅仅根据看得见的方面就做出鲁莽的判断，而要习惯于参考看不见的方面进行综合评价。

去年我还在议会财政委员会任职时，因为当时反对党的成员还没有全部被人从制宪国民大会中轰出来。当时，制宪者们的行为还不算很糊涂。我们曾经听梯也尔先生[1]说："我毕生都在跟那些保王党人和教会党人作斗争，但自从我们都面临共同的危险以来，我开始渐渐理解他们，我们也经常在一起聊天，这使得我发现，他们并不是之前想象的怪物。"

是的，如果双方无法经常接触，那么，敌意就容易被夸大，而仇恨就会越来越强；如果多数派能够允许少数派成员进入各个委员会的圈子，那么，或许双方都会发现，他们的理念差异并不如想象的那么大，而最重要的是，他们将认识到少数派的意图也许并不像想象的那样不正当。

这种情况并非不可能发生，去年在财政委员会时，每次我们的同事一说到应该把共和国总统、内阁部长、驻外大使的工资固定在一个比较适中的水平上时，就会有人对他说：

如果想要得到良好的服务，我们就必须让某些官员能够生活在声望显赫以及富有尊严的气氛中，这是让这些杰出人士奉献他们才智的办法。无数不幸的人都有求于共和国总统，而如果他总是不得不拒绝帮助他们，他就会陷入痛苦之中。另外各部委和驻外使馆装饰得稍微奢华一

1　路易·阿道夫·梯也尔（Louis Adolphe Thiers，1797—1877 年），法国政治家和著名历史学家。在其漫长的政治生涯中，曾担任过议员和首相（1836 年和 1840 年），最终则在 1871 年当选为法兰西第三共和国总统。——译者注

点，也是保证宪政政府正常运转的需要，如此等等。

不管这样的说法是否合理，但总是值得严肃对待的；不管他的想法是对是错，这样的说法至少还是基于公共利益的。就我本人而言，我可以比很多反对这种说法的人士给出更有说服力的论证，一般的反对者不过是被狭隘吝啬和嫉妒心理所驱使罢了。

真正触动我作为经济学家良知的，让我为我的祖国的知识声誉感到羞愧的是，他们从这些论点出发继续胡言乱语（他们总是忍不住继续胡言乱语的），最后提出下面这种荒唐的陈词滥调（不幸的是，却总是有人乐于接受）：

除此之外，政府高官的奢华生活也可以促进艺术、工业和就业发展。国家总统和他的内阁部长们如果不能举行豪华宴会，就无法把自己的个人生活完全融入到政治生活中去。降低他们的工资，就必然使巴黎的经济成为无源之水，从而使整个国家的经济陷入萧条状态。

看在上帝的分上，先生们，不尊重经济学规律您至少也得尊重算术吧，这样不知羞耻地跑到国民制宪大会上说，"A数字加B数字的总和，会由于选择用A加B还是用B加A而有所不同"，这样胡言乱语之后还能怪人家不支持你吗？

好吧，让我们做一个假设，假设我正准备找个工人来帮我在田里挖一条排水沟，为此我准备出100苏的价钱。就在我跟工人快要谈妥的时候，税务官跑来了，他拿走了我的100苏。经过一系列复杂的程序，最后这100苏到了内政部长手里。如此一来我田里的排水沟挖不成了，而部长大人的晚宴上多了一道菜。那么，你是根据什么断言，这位官员的支出，增加了全国的经济总量？你难道看不清楚吗？这其实仅仅是一次简单的消费和劳务的转移。内阁部长的晚餐的确更加丰盛了，但相应地，一位农民的田里的排水从此却不畅通了。我承认，身在巴黎的某位包办宴会者能拿到100苏了，但你也得承认，法国某地的某个挖沟工人也少挣了5个法郎。对此我们所得出的结论就是：官员的餐桌和心满意足的包办宴会者是看得见的，而让雨水泡了的田地和挖沟工人没活可干就是看不见的了。

我的上帝啊，真没想到在政治经济学中要证明2+2=4竟是这么困难！万一你竟然证明了这一点，肯定会有人不屑一顾地说："这本来就很简单嘛，谁不明白？啰里啰嗦的烦不烦啊？"然而，在他们投票决定这件事的时候，他们该怎么来还是怎么来，就好像你从来就没有证明过任何东西一样。

第四章　剧院与高雅艺术——政府应该补贴艺术吗

关于这一问题，辩论一定会很激烈，正反双方都能说出一大堆理由。

有些人会说，艺术可以开阔民族的视野，提升民族的精神文化，并使民族的心灵富有诗意，为此，国家应该扶持艺术产业。这些人还说，艺术可以将本民族从物欲的沉迷中解救出来，让本民族追求那些优美的东西，这样也可以对我们的行为方式、我们的习俗、我们的道德甚至还有我们的经济产生积极的作用。他们会问，如果没有意大利剧院（Theatre Italien）和音乐学院，那么，法国的音乐会是什么样子？如果没有法兰西戏剧院（Theatre Franais），法国的戏剧艺术会是什么样？如果没有众多的画廊和博物馆，我们的绘画和雕塑艺术会是什么样？人们甚至可能更进一步指出，如果没有对高雅艺术的集中管理（centralization）和补贴政策，还是否能够发展出这种高雅的艺术？高雅艺术——这是法国人的耗尽心血、并奉献给整个世界的高贵的成就。对这么高尚的成就，竟然不做补贴，难道不是最轻率的行为吗？再说这种补贴分摊到每个公民身上，根本就没有什么负担，而我们所取得的艺术成就却可以让我们在整个欧洲觉得自豪和光荣。

对于这种种理由，我得承认当然是很有说服力的，不过，我们也可以给出很多同样有说服力的驳斥。首先，这里面存在着一个分配性正义（distributive justice）的问题。立法者的权力是否大到可以使他研究艺术家的工资水平问题，进而对艺术家给予补贴？拉马丁[1]曾说过："如果你要取消对剧院的补贴，那么，接下来你还想取消什么？按你的逻辑，你是不是也要关闭大学各个科系，关闭博物馆、研究所和图书馆？"对此，人们可以这样回应：让我们换个思路，如果你想补贴所有高雅而有用的事业，那补贴到什么时候才是个头？按你的逻辑，是不是也应该为农业、为工业、为商业、为教育同样拨出王室专款？而且，你怎么就那么确定，补贴就一定有利于艺术的进步？这是一个根本没有答案的问题，而我们也会发现，生意繁荣的剧院恰恰是那些靠自己的努力维持生存的剧院。最后，如果我们从更深层次进行考虑，就会看到需求和欲望是此消彼长的，在让全国的财富满足这些需求和欲望时，你会发现一个规律：必然是越高级的欲望，占的比例就越小。因此政府决不能多管闲

1　阿尔封斯·德·拉马丁（Alphonse Louis de Lamartine，1790—1869 年），法国重要的浪漫主义诗人、著名政治家。1834 年第一次当选议员。在 1848 年革命时期，他的声望达到顶峰。当时他是建立共和制最积极的鼓吹者。他运用自己雄辩的口才说服了那些威胁要毁灭巴黎的暴民，并成为临时政府领导人。不过，他更多地是个理想主义者和演说家，因而很快就失去影响力，并于 1851 年退休。——译者注

事干预这一过程，因为不管现在全国的财富有多少，通过税收来刺激奢侈品产业，都不可能不伤害基础产业。这一系列事件也必然会逆转自然的文明进程。人们也会指出，人为地干扰需求、趣味、劳动和人口之间的相应比例，将把国家置于一种不稳定而危险的境地，使之丧失稳固的基础。

这是反对国家干预某种秩序的人士提出的一些意见。在自然的秩序中，民众相信他们应该满足自己的需求和欲望，因而可以自主地决定自己的行动。老实地说，我也认为选择和刺激应该来自下层而不是上层，来自民众而不是立法者。如果将之颠倒过来，在我看来，就将导致自由和尊严的毁灭。

然而，你知道现在人们是怎么只看错误而不公正地责骂经济学家的吗？如果我们反对补贴艺术，人们就会指责我们反对要进行补贴的这一艺术活动本身，于是我们便被看成所有这些艺术活动的敌人，原因仅仅是因为我们想让这些艺术活动成为人们的自愿活动，参加者去寻找恰当的报酬。以此类推，当我们要求国家不要用税款补贴宗教事务时，我们就被人看成是该下地狱的无神论者；如果我们要求国家不要用税款补贴教育，那么我们就被人看成是憎恨知识启蒙者；如果我们说国家不应该利用税款人为地虚增某块土地或某个工业部门的价值，我们就成为财产权和劳工的敌人；如果我们认为国家不应该补贴艺术家，在某些人眼里，我们就成了觉得艺术无用的未开化野人。

当然，我坚决不赞同上面的这些推测。我们决不会荒唐到想取消宗教、教育、财产权、劳工和艺术的地步，只不过我们认为，我们应当要求国家保障所有这些人的自由发展，但不应当用别人的钱来供养他们；恰恰相反，我们相信，所有这些至关重要的社会活动都应该在自由的气氛中和谐地发展，不管是哪一类活动，都不应该成为麻烦、弊端、暴政和混乱的根源，而这种状况今天恰恰正在发生。

我们的论敌认为，对于一项活动，国家如果既不给予补贴也不加以节制，就等于取缔该活动。我们的观点正好与之相反。他们所信任的是立法者而不是普通人，而我们信任的则是普通人而不是立法者。

于是，拉马丁先生又开口了："如果按这项原则来办，我们恐怕就不得不取消能够给这个国家带来财富和荣誉的公共博览会。"

对拉马丁先生的指责，我的回答是：按照你的观点，不予以补贴就是取缔，之所以会这样想是因为你是从下面的前提出发的：除非依靠国家，否则，任何东西都不能存在，据此你得出结论——如果不用税款来支撑，任何事情都办不成。但是我会就你举的例证再举一个恰恰相反的例子，我要告诉你，迄今为止世界上最大、最壮观的博览会，就是现在伦敦正在筹备的博览会[1]。这个博览会是建立在最自由、也最普遍的概念

1　本处指 1851 年 5 月在伦敦海德公园举行的万国博览会（The Great Exhibition），由伦敦工艺协会（The London Society of Arts）主办。这是大型国际博览会即"世界博览会"的第一届，博览会是在海德公园新建的"水晶宫"中举行的。维多利亚女王的丈夫艾伯特亲王主持了博览会。——译者注

基础上的，我想把"人道主义"这个词用在这里也并不算夸张，而这样一个盛大的博览会，政府一点都没有插手，也没有一点税款补贴。

回头再来看看高雅艺术吧。我想重申一遍，人们可以提出很充分的理由来赞成或反对补贴制度。而为了与本文的写作目的保持一致，我就不再赘述这些理由，或者在两种立场中间进行选择。

但是对于拉马丁先生提出的一个论据，我却不能假装没有看到、坐视不理，因为他的论证刚好就在我的经济学研究范围之内。他说："剧院的经济问题可以用一个词来总结，那就是就业。这种职业的性质我就不用多说了，它跟别的任何行业一样，在创造就业机会方面也是很有潜力、很有效用的。你们都知道，剧院的工资支撑着至少8000名各式各样的人的生活——美工、砖瓦匠、装潢、服装道具、建筑师等等，他们都是活生生的生命，他们产业的总产值占我们的首都总产值的1/4强，他们应该有资格获得你们的同情！"

你们的同情？这句话说得有点隐晦，而说得直白一点就是：你们的补贴。

拉马丁先生还不止说了这些呢："巴黎的戏剧同时也为外省各部门提供了就业机会和消费品，富人的奢侈是整个共和国靠复杂的剧院经济为生的20万各行各业工人的面包之所在，这些工人都是通过这些高雅的活动获得报酬。也就是说，这些高雅的活动一方面使得法国的形象光辉灿烂，另一方面又使得工人得以维持自己的生计，并给他们的家人和孩子提供生活所必需的东西。你们拨付的这6万法郎，正是为了这一目的。"（太精彩了！太精彩了！热烈地鼓掌。）

而从我的角度看，我不得不说：糟透了！糟透了！当然，我的这一说法仅仅是针对拉马丁先生的经济观点。

没错，我们现在讨论的这6万法郎至少有一部分会到达剧院员工的手中，但可以肯定的是，也有不少会在半路上就被人截留。仔细研究一下我们甚至可能会发现，这笔补贴的大部分都落入了不相干的人手中。如果最后竟然还能有一些碎渣留给员工们，那他们就实在太有福气了！不过现在我倒愿意假设，全部的补贴都能送到美工、装潢、服装道具、发型师等人士的手中。这些是看得见的。

然而，这些补贴款是从哪儿来的？这又是硬币的另一面了，考察这一面跟考察它的正面一样重要。说明白点，这6万法郎是从哪儿蹦出来的？假如某次议会投票没有抢先一步让这笔钱从市政厅跑到塞纳河左岸[1]，那么这笔钱会流向什么地方？这则是看不见的。

没有人会说，议会的投票活动能让这笔钱从投票箱中自己孵出来；也没有人敢说这笔钱是对国民财富的一个净增加；更没有人敢说，如果没有这奇迹般的投票，这6万法郎就仍然是看不见、摸不着的。恐怕我们必须得承认，议会投票时的多数派唯一能够做到的，就是决定从某个地

---

1 即从市政厅到塞纳河左岸的戏院区。——译者注

方拿出这笔钱，然后把它发到别的地方，也就是说，这笔钱只有从一个地方先转移出来才能被接着送到其他的地方去。

这就是事情的真相。我们已经可以看得很清楚了，纳税人一旦交出了一个法郎后，就跟这一法郎彻底说再见了；事情很明白，他被剥夺了那一个法郎所能带来的享受，而本来准备满足他这一个法郎的享受的工人，不管他是谁，当然也就得不到这一个法郎的收入了。

因此，我们千万不要抱有那种天真幼稚的幻想，以为5月16日的投票真的凭空增加了国民财富和大把的就业机会。它只不过是重新分配了财富，重新分配了工资，如此而已。

也许有人会说，政府所补贴的那种事务或者那种行业，是一种更需资金、更道德或者更合理的东西或职业？对这样的看法我无法评论。我要说的是：你凭白拿走纳税人的6万法郎，提高了歌唱家、发型师、装潢工和服装师的收入，那么，庄稼汉、挖渠工、木匠和铁匠的收入就相应地减少了相同数量。没有任何东西可以证明前一个阶层就比别的阶层更高贵、更重要，甚至连拉马丁先生也并没有这样说。用他自己的话说，跟其他行业相比，剧院的工作是一样地有效率，一样地有价值，而不是更多。这样一来这种说法就值得怀疑了，因为剧院行业没有比别的行业更有效率的最好的证据就是它竟然呼吁别的行业抽出资金来补贴它！

不过，对不同职业内在价值和优点的这种比较，并不是本文的写作目的所在。我在这里竭力要证明的只是，拉马丁先生及那些为他的说法鼓过掌的大人们，如果已经看到了那些向演员们提供必需品的商人们所获得的收益，那么，他们也应该看到另一面——那些供应纳税人必需品的人们所蒙受的收入上的损失。如果他们做不到这一点，他们就怪不了被人讥笑为把某种重新分配错当成了某种净收益。如果他们的理论讲究逻辑性，那么，他们就应该要求对所有行当给予补贴；因为在1个法郎或6万法郎身上都很灵验的东西，放在10亿法郎的项目上，也不应该失灵吧。

先生们，在涉及税款的问题，我们可以用某些论据来证明它是有用的，但千万不要使用下面这种拙劣的说法："公共支出能使劳动阶级维持生存。"这种说法的错误之处在于它掩盖了一个我们必须彻底了解的事实：即公共支出无非是私人投资的替代品而已，这种做法或许会很有力地支持一位工人替代另一位工人，但却不会让作为一个整体的工人阶级的总体收人增加哪怕一丁点。所以我们已经得出结论了：你们的看法很时髦，但十分荒唐无稽，因为你们的推理过程是不正确的。

第五章　公共工程的诡辩

当国家确信在某个行业中创办一个大型企业会促进社会经济发展后，他们就会动用一大笔资金创办一家这样的企业，当然这笔资金也是从民众那儿征收上来的。这不是天底下最平常的事儿吗？不过，当我听到有人竟然用"除此之外，创办这种企业还是为工人创造就业机会的一个好办法"这样的谬论来解释这件事时，不得不说，我立刻就火冒三丈。

国家的所有公共工程确实可以制造就业机会，比如开通一条公路，建造一座宫殿，修整一条街道，挖掘一条运河……这是可以看得见的。但我们不容易看见的是，这种做法同时也剥夺了另一些工人的就业机会。下面我们会来解释一下。

假定政府正在某地修筑一条长途公路，每一天从早到晚都有一千名工人在辛勤劳作，他们将通过劳动挣得自己的那份工资——这一点是毫无疑问的；假设政府没有修筑这条道路的计划，假如议会没有投票为这条路的建设拨出预算资金，那么这些勤劳的工人就无法得到这份工作，也拿不到这笔工资——这点也是确定无疑的。

但上面所说的一切却只是事物的一面：让我们再全面地考虑一下，在整个过程中是不是还有别的什么事情被我们忽略了？当教育家迪潘先生[1]庄严地宣布"议会正式决定……"时，筑路所需的那几百万法郎难道真的像免费的月光一样，轻而易举地就洒落进富尔德先生[2]和比诺先生[3]的保险箱中？在筹集这笔钱的过程中，国家除了大方地做出预算外，难道不需要组织人征集这笔资金？难道不需要先派各个层级的税务官到全国去征税？纳税人难道不需要打开钱包做出贡献？

因此，我们必须要从两个方面辩证地来看待这一问题。一方面要明白，国家要用议会拨付的几百万法郎做一项大工程，同时也不能忽视纳税人本来可以用这几百万法郎干一些别的事情——当然现在他们什么也做不成了，因为这些钱已经长翅膀飞走了。说到这里，你应该明白了，公共工程其实是一枚有两面不同图案的硬币，一面画的是一位忙碌工作的工人，这幅图案我们是直接就可以看得见的，另一面画的则是一位失业的工人，这幅图案却是无法直观看见的。

请注意，如果有人把我在本书中竭力批判的这种诡辩运用到公共工

1 　夏尔·迪潘（Charles Dupin，1784—1873 年），法国著名教育家、工程师和经济学家，艺术和工艺学院教授，众议员，参议员，迪潘对政治经济学的最大贡献是在经济统计领域。——译者注
2 　阿切利·富尔德（Achille Fould，1800—1867 年），政客与金融家。——译者注
3 　比诺（Jean Martial Bineau，1805—1855 年），工程师和政客，1852 年担任财政部长，促进了法国早期铁路的发展。——译者注

程中，就更加危险了，因为这种诡辩所做的主要工作就是在为愚蠢的浪费辩护。如果是修筑一条必需的铁路或一座桥梁，那么，还可以根据这一事实来论证它所带来的种种好处，比如方便出行，运输物资等。而如果这些公共工程实际上并没有多大用处，那么，那些人会怎么做呢？好吧，你一定猜得到他们会说什么："我们必须要为工人们创造就业机会呀！"简直胡言乱语！

　　之所以举这样的例子，是因为这样的事情不乏先例。比如从前有人先是下令修建战神广场[1]（the Champ de Mars），但是后来又下令废弃不用。这也是有前例的，据说伟大的拿破仑就曾做过这样的事情，他在下令工人挖开一条渠道后又再次填上时，也自豪地认为自己在干一件很有意义的事。他也曾满怀自豪和博爱地说过："看似无意义的事情其实是有意义的，我们所做的是在让财富流入劳动阶级的手中。"

　　让我们从本质上探讨一下这个问题。货币往往会使我们产生一种幻觉。如果要求所有的公民对一项公共工程提供货币资金支持，实际上就是要求他们提供真实的物质上的资助，因为他们每个人所交纳的税款都是通过自己的辛勤劳动得来的。现在，假如我们把所有公民都召集起

1　战神广场 Champ de Mars，也叫"马斯校场"，位于巴黎第 7 区，现在是埃菲尔铁塔和军事学院之间的一处公园，也是著名旅游景点。十八世纪下半叶之前，这里是一块被遗弃的空地，直到军事学校在 1765 年建立，地位才逐渐提升，当时用来作为军事训练场所。以后 1900 年的奥林匹克运动会在此举办，法国还多次使用这个场地迎接世界博览会。——译者注

来，要求他们为一件利民工程贡献自己的一份力量，付出劳动，大家都会理解这件事情，因为他们得到的报酬就是这项工程所能发挥的作用。但是如果把他们召集起来之后，强迫他们修筑一条根本不会有人要走的道路，或者修建一座根本没有人会去住的房子，而这样做的唯一理由是这项工程可以为他们创造出工作来，那也未免太荒唐了，他们当然有正当的理由予以反对：我们才不要这样的工作，这样还不如自己给自己干呢。

如果要求公民们付出的不是劳动而是货币，事情的性质其实并没有任何改变。但是，如果公民付出劳动，损失要所有的人承担，而如果公民们贡献的是金钱，那些由国家出面雇佣的人就不会损失他们的那一份，而那些已经上交了一笔税款但却没有在这里谋到一份工作的人，却还得再蒙受更多的损失。

《宪法》中有一条是这么写的：

"社会要……通过国家、各部委、市政当局所组织实施的雇佣失业者的适当的公共工程，帮助和鼓励劳工的发展。"

作为应付经济大萧条的一种临时性应急措施，代表纳税人进行的这种干预具有良好的效果。这种措施并没有增加就业数量，也没有提高工资总量，只不过是把平时的一部分就业和工资拿出来，在困难时期作为一种慈善事业，对于总体经济来说这实际上是一种损失。

而把这种措施作为一种持久性的、普遍的、系统的经济政策，就完全是只有负面影响的骗人把戏了，这是根本不可能长期实行的；表面上看来，它似乎创造出了一点点就业机会，这是可以看得见的；但它却掩盖了一个悲催的事实：有更多的就业机会因此而被排挤掉了，这是看不见的。

第六章　中介

　　给社会下个定义吧：社会是人们相互提供的所有服务的总和，无论这种服务出自于强制还是自愿，强制提供的就是公共服务，自愿提供的就是私人服务。

　　公共服务是由法律所强加或管制的。这种服务相对稳定，一般都不大容易随着需求的变化而变化。它们具有顽强而超长的生命力，即使已经没有任何实际用处而完全成了公共祸害，却仍然可以大言不惭地自称为公共服务。私人服务则是自愿的，也即个人承担责任的领域。在交易之后，每个人都付出他所拥有的而买进他所希望得到的。我们可以认为，这些服务肯定都是真正适用的，这种用处的大小可以用它们的比较价值来准确地衡量。

　　正是基于以上理由，前者通常都是静止的如死水一潭的，而后者则遵循着进步的法则不断改进。

　　尽管公共服务部门已经因为过度的扩张导致了资源的大量浪费，并且在社会中造就了一群病态的寄生虫，然而，令人惊奇的是，很多现代经济思想流派却把这些糟糕的现象归罪于私人服务部门，他们企图转变这些职业所发挥的功能。

这些思想流派在攻击他们所说的中介的时候简直是义愤填膺。他们强烈地要求消灭资本家、银行家、企业家、商人和小店主，指责这些投机分子横插在生产者与消费者之间，向两边都榨取钱财，却没有为生产者和消费者增加任何价值。不过，说起来这种中介的职能好像不大容易彻底消灭，于是，改革家们宁愿由国家担负起中介的角色。

这其实是一种诡辩，他们大肆宣扬公众为其获得的服务向中介支付了什么，但却刻意掩盖如果取消中间人他们将向国家支付什么。我们再一次遇到了同样的冲突：我们可以亲眼看到的，与我们只能在头脑中意识到的，也即看得见的与看不见的。

如果巴黎人觉得肚子饿了，而能满足饱腹欲望的小麦是在俄罗斯的敖德萨[1]（Odessa），那么，在小麦进到胃里之前，人们的饥饿痛苦是不会消失的。有三种办法可以摆脱饥饿：第一，饥饿的人自己跑去寻找小麦，第二种办法是，他们可以自主地把这事完全托付给专门从事这门生意的人；第三种办法则是他们甘愿让国家征收一笔税款，然后由政府官员来承担这一工作。

在这三种办法中，哪一种最有优势？

1　敖德萨是乌克兰南部城市，是一座被誉为"黑海明珠"的港口城市，始建于古希腊，现在的城市设计形成于叶卡特琳娜二世时代，效仿了彼得大帝兴建圣彼得堡，修建了这座"通向黑海的窗口"城市。——译者注

　　在任何一个时代的任何一个国家中，那些自由、文明、有阅历的人，如果可以自愿选择的话，他们毫不例外地会选择第二种。在我看来，这已经是其占绝对优势的有力证据了。我不相信人类会在这么一个显而易见的问题上自己欺骗自己。

　　不过，我们还是来仔细研究一下这个问题吧。

　　让3600万人全部跑到敖德萨去买回他们必需的小麦，这种方法显然是不可行的。第一种办法被否定了。这种事情消费者不可能亲力亲为，他们不得不转而求助于中介，不管是政府官员还是商人。

　　然而，我们得注意到一点，第一种办法其实应该是最自然的办法。从根本上说，谁觉得肚子饿了，那他自己就有责任去买到可以充饥的小麦。这是一个只关乎他自己生命健康的任务，按理说，这项任务只能由他自己来完成。假如别人——我们先不管他是谁——为他提供了这项服务，替他完成了他自己本该完成的任务，那么，这个人就应该获得补偿。我们在这里所谈论的其实正是这一点：中介的服务里包含着某种获得补偿的权利。

　　有些人把中介称为寄生虫。我们姑且按照他们的观点承认中介就是寄生虫，那么，两种寄生虫——商行或公共服务机构，到底哪一个的寄生性少一点？

　　商行（假定它是有自主权的，否则的话，论证就无法继续进行下去了）是受它自己充满私欲的动机驱使的。它会研究季节的变化，一日不停地了解农作物的生长环境，收集来自世界各地的报道以此预测人们的需求，并对一些导致价格出现变动的情况采取预防措施。它的轮船时刻准备着航行，它在世界各地都有合伙人，它完全是自私自利的，而正是这些因素，使它能以尽可能低的价格买进，并且能有效地利用经济运转过程中的微小细节，从而能以最小的代价获得最大的成果。时刻忙碌着满足法国人的日常需求的，不仅仅是法国的商人，还有世界各个地方的商人；如果趋利之心能驱使他们以最低的成本完成他们的任务，那么，他们之间的激烈竞争也同样有助于让消费者从他们已经获得的实惠中分享好处。一旦小麦运到，商人就希望能在最短时间内将其售出，以降低自己的投资风险，兑现自己的利润。如果情况允许的话，还可以再多跑一趟买卖。商行或者说私人企业总是会在价格的指引下，把商品配送到整个世界范围内，而且他们总是从最紧缺的地方开始，也就是说从人们的需求最急迫、最强烈的地方开始。因此，我们真的无法想象，还有别的什么组织能够比他们更好地满足饥饿的人的需求？如此美好的组织，是基于下面的事实存在的：它是有自主权的，也就是说，它的一切行为出于自愿。是的，消费者必须向商人支付他花在陆上运输、跨洋运输、存储、委托等方面的费用，但是那些消费小麦的人在哪种体系下，又可以不支付将其运送到自己手里的费用呢？当然，除此之外，消费者还必须为商人的服务付费；但是，中介的份额，可以通过他们之间的相互竞争压缩在最低水平；至于公正问题，马赛的商人既然能够为巴黎的工匠服务，那么，为什么巴黎的工匠就不能为马赛的商人服务？

如果这些事情不是交给个体商人来做，将会出现什么局面？拜托了，且让我看看这样做到底能给公众带来什么样的实惠。零售价格会降低？让我们想象一下，4万个市政当局的代表在某一天——大家需要小麦的那一天——同时涌到敖德萨，你以为这种情况会对价格产生何种影响？运输费用会降低？运输这些东西所需的轮船、水手、远洋货轮、仓库会减少吗？或者我们真的不必支付这些运输及其他费用？商人的利润会减少，然而，那些市政代表和政府官员不辞辛劳地跑到敖德萨难道就一无所求吗？他们大老远跑去难道是出于兄弟友爱？他们就不需要生活吗？他们的时间就不值钱吗？你以为这些林林总总的费用加起来不会达到商人准备获得的2%~3%这样的利润率的上千倍？

然后，再想想征收这么多税款来配送这么多食品的难度，想想伴随着这样的活动而来的那些腐败和陋习，想想政府是否能够担负起这么重大的责任。

现代社会中，人与人的合作越来越密切，形式越来越丰富，整个社会在事实上成为了一个巨大的合作团体，而这种合作给我们生活带来的益处也是非常明显的。

且让我们用一个例子来说明这一点：

有一个人，他一早起来可以穿上一套衣服，在一块圈起来的土地上，施肥、疏浚、耕耘，种上某种牧草，然后在上面养一群羊，再从这些羊身上剪下羊毛。这些羊毛经过纺纱、编织、染色等步骤后，织成布料。布料经过裁剪、缝纫，做成一套套衣服。我们看到，这一生产过程需要无数他人的介入，需要利用农业、牧业，需要工厂、煤炭、机器、货运等行业的配合。

假如社会的合作不是那么密切，那么，不管是谁，如果要想有一套衣服穿，就都不得不自己独立奋斗，也就是说，要自己来完成上面所说的繁琐的整套操作过程，从最初开始的挥镐翻地一直做到最后的拿针缝衣。

谢天谢地我们有现成的协作关系。这是我们作为人这种高等动物的根本属性。这些繁琐的操作过程已经被分解到无数劳动者名下了。为了实现共同的利益，他们再继续往下细分，直到将协作细分到某一个点。在这里，只要消费需求增加，每一独立的、专业化的操作过程就可以成为一个新兴行业。整个生产过程被细分之后，每个人都为增加总体社会价值贡献了自己那份力量。如果这还算不上是协作，我倒要请教一下这是什么？

注意，每个劳动者都无法自己制造出他所需要的最细小的原材料，因此，他们必然依赖于他人提供的服务，双方互利互惠，为了一个共同的目标而互相协助；每个群体都跟其他群体以多种多样的形式联系在一起，因此，所有的人都可以被看成是中介。举个例子，假如在整个生产交换过程中，交通运输变得十分重要，所以雇佣某一个人从事此项工作，按重要程度排序，接下来是纺线，再下来是织布，那么，你从哪点得出结论说头一个人比别人更像寄生虫？是不是没必要存在交通运输了？不是有人在花费时间和精力在做这件事吗？他干吗不把这些时间和精力省下来让别人来干？是他们会干得比他好，还是仅仅由于他们干的是不同的事情？至于他们所得到的报酬——他们在生产交换过程中的应得一份，难道不是都得在一个法则的约束下，限定在协商达成的价格这样范围内？这种合理的劳动分工和这些充分自主的制度安排，难道就不有利于共同利益？

　　上文中，我所描述的协作难道就不是协作吗？在这里每个人都可以自由地进入或退出，可以在其中选择自己的位置，可以按自己的意愿做出判断和做交换行为，自己承担由此而引发的一切责任，个体商行的私利之心正是他快速行动的力量源泉，也是他成功的保证。

第七章　贸易管制

贸易保护主义先生¹（这个花哨的大名可不是我起的，而是来自迪潘先生的创意）把自己全部的时间和精力都用在把他的祖国土地上的矿石转化成铁。由于大自然对比利时人更慷慨一些，于是他们可以用比贸易保护主义先生所能提供的更诱人的价格向法国人出售铁。这就意味着，所有的法国人，或者说整个法国，如果从心地善良的佛兰德斯（Flanders）人²那儿购买一定量的铁的话，需要付出的劳动就比较少了。于是受到私利之心的鼓动，大批的法国人就充分地利用这种优势，每天都有无数的制钉者、金属加工工匠，车匠、技工、铁匠、犁匠，跑到比利时去购买他们所需要的铁，或者是本人亲自出马，或者是找中间人代劳。这种情况却让贸易保护主义先生大光其火。

1　在法语中，Mr. Prohibant 具有讽刺意味，通常是指贸易保护主义者，是由后面所提到的迪潘最早使用的，大致可以翻译为"贸易限制论先生"（Mr. Restrainer-of-Trade）或"贸易保护主义先生"（Mr. Protectionist）。——译者注
2　西欧历史地名，包括今比利时的东、西佛兰德斯省和法国的诺尔（Nord）省。——译者注

他的第一个想法就是自己奋勇向前、赤手空拳地进行干预，以阻止这种可恨陋习继续蔓延到全国。可惜的是这种办法收效甚微，最后自己反倒弄得遍体鳞伤。于是，他对自己说，不能这样下去了！我要扛起我的长枪，我要在我的腰里别上四把手枪，我要在弹夹中装满子弹，我要打开枪上的刺刀，我要跑到边界上去，首先要杀了那些金属加工工匠、制钉匠、铁匠、技工、锁匠，这些可恶的投机分子竟然只顾追求自己的利润，就不管我的死活。瞧着吧，我非得给他们点教训不可！于是他全副武装起来。

然而就在他马上要动身的时候，又有了另外一个想法，这想法给他的战斗激情浇了盆冷水。想想看：那些跑去买铁的人——我们的那些同胞，当然也是我的敌人，他们很有可能采取自卫行动，最后的结果也许不是我干掉他们，而是白白牺牲了我。而且，就算把我的全部仆人都派上阵，恐怕也未必能守住整个边界。还有，我这么费心费力，付出的代价也太大了吧，这代价大得都超过了我能从中得到的好处。

这番考虑之后，贸易保护主义先生无可奈何地长叹一口气，颓然倒下，但是突然间，他又有了一个很棒的主意。

他想起来了，巴黎有一个了不起的法律工厂。他自问自答：法律是什么玩意儿？法律就是一种强制措施，一旦昭告天下，管它是对是错，每个人都得遵守。为了执行这一法律，政府还专门组织起一支警察队伍，而为了维持这支所谓的警察队伍的运转，国家专门拨出了人力财力。

那么，如果我能让伟大的巴黎法律工厂炮制出一部小小的、精密的法律，宣布"查禁比利时出产的铁"，比利时的铁再便宜也没用了。政府会派2万威风凛凛的关税税官替代我的那几个仆人，到边界上去对付我痛恨的那些金属加工工匠、锁匠、铁匠、手艺人、技工和犁匠。当然，为了让这2万名关税官员保持良好的精神风貌和健康的体魄，每年要拨给他们2500万法郎以作薪酬，至于这笔钱的出处嘛，掏掏那些铁匠、钉匠、手艺人和犁匠的腰包不就行了。经过这样一番组织，就可以达到我的目标了，而我自己却什么也不用付出：我再也不会像一个野蛮的掮客了；我可以随意定价出售铁了。看到我们伟大的人民被人不体面地愚弄，我心里真有一种说不出的痛快。他们到处说自己是欧洲一切进步的先驱和推进者，这下总算给他们当头一棒。这可真是一个聪明的主意，完全值得一试。

于是，贸易保护主义先生匆匆来到法律工厂（我也许会另找个时间来说说他在这里所做的那些阴暗的、见不得人的小勾当，但是在这里，我只想谈谈他那些公开的、人人皆见的活动步骤），他站在那些尊敬的议员先生面前，发表了一次演说：

比利时铁在法国的售价极低，只有10法郎，他们逼得我不得不以这个价格亏本出售。实际上，对我们来说，合理的出售价格应该是15法郎，但由于这些讨厌的比利时铁，我却不敢这么做。赶紧制定一部法律吧，规定"比利时铁不准进入法国"。我立刻就可以把我的铁售价提高5法郎，这样做的好处如下：

我售卖的铁每100千克的价格不再是10法郎而是15法郎，这样一来，我自己将更快地富裕起来，之后我的生意规模将变得更大，我将雇佣更多工人工作。我和我的雇员会花销更大，从而给供应我们消费品的那些供应商带来更大的市场。这些供应商也因此会对整个工业下更多的订单。慢慢地，这种扩张会影响到整个国家。你们投进我的保险箱中的这100苏硬币就像一颗石子扔进湖里，将形成无数个同心圆慢慢扩散到很远的地方。

法律的制定者们被这一番话迷住了。他们的头脑中充满了这样的想法：仅仅通过立法就可以这么容易地增加国民财富啊！于是他们很快投票通过了禁止法令。他们说："如果确立一项法令就可以增加国民财富，那么干吗还要喋喋不休地说什么劳动和储蓄？这些痛苦的办法还有什么用处？"

的确，这部法律的诞生会产生贸易保护主义先生所预料的所有后果，不过，除此之外，还有其他一些他未指出的后果。公平地说，他的推理也许并没有错，但问题在于还不够完整。为了寻求法律的庇护、高价售铁的特权，他指出了能够看得见的那些结果，但却掩藏了那些看不见的效应。在他的论述中提到了两个人物形象，而实际上在这幅美妙图景中还隐藏着第三个人物。我们的任务就是补上他遗漏的那些细节，不管是他真的不知道还是有意隐瞒的。

当然，通过立法程序落入贸易保护主义先生腰包的那5个法郎，对他本人和那些因此而得到工作机会的人来说当然是一件好事。这5个法郎如果是法律一声令下后从月亮上落下的，当然就是一件绝对的好事而不会出现什么坏效应。不幸的是，这奇迹般的100苏并不是从天上掉下来的飞来横财，而是来自金属加工工匠、针匠、车匠、铁匠、犁匠、建筑工的腰包，一句话，来自老好人詹姆斯先生的口袋。今天，他们掏出了这笔钱，不幸的是却连一毫克的铁都没有得到。于是，我们现在讨论的问题立刻就要换个角度了，因为事情非常明显，贸易保护主义先生从这件事中得到的好处将被老好人詹姆斯先生的损失所抵消。贸易保护主义先生确实可以用这5个法郎促进国内工业的发展，但是如果这5个法郎在老好人詹姆斯先生手里，他也同样能够做到这一点。一枚石子之所以恰好扔到这个湖里的某个地方，那完全是因为法律禁止把它扔到别的湖里。

于是，看不见的东西所带来的损失抵消了看得见的东西所带来的益处；而这整个过程的后果则是某种不公正，而导致这种不公正却恰恰是法律，再也没有比这一点更可悲的了。

但这问题还不止如此。我必须指出，有一个第三者还藏在阴影中。我得让他现出原形。他的出现将告诉我们，我们还会再损失5个法郎，到此为止我们才算搞清楚了整个过程中的全部后果。

老好人詹姆斯先生有15个法郎，这是他辛勤劳动的果实（此处我们是在追溯他还可以自由行动时的情景）。他怎么花掉这15个法郎？他花了10个法郎买了一顶漂亮的女士便帽，他用这顶帽子来换取（或者由他的中介替他换取）100千克比利时出产的铁。他手里还有5个法郎。他是不会把这一小笔零花钱扔到河里去的，而会用它们支付某位匠人的工资或者别的什么可以满足自己需要的东西——比如，用它跟某位出版商换取一本博叙埃[1]所著的《通史》。

因此，他对国内工业的贡献是15个法郎，即：

（1）支付给巴黎的女帽制造和贩卖商的10个法郎

（2）支付给出版商的5个法郎

老好人詹姆斯先生同样有收获，他用他的15个法郎得到了两样能够满足他需要的东西，即：

（1）100千克的铁

（2）一本书

现在却颁布了一条禁止法令。

老好人詹姆斯先生会遇到什么样的情况呢？国内工业又会有怎样的遭遇呢？

老好人詹姆斯先生把这15个法郎一古脑儿交给了贸易保护主义先

1　雅克－贝尼涅·博叙埃（Jacques Benigne Bossuet, 1627—1704 年），当时著名的布道者，他曾担任路易十六的王位继承人导师，写作了《通史》，是法国几代学生必读的经典。他最坚定地反对新教，也领导了限制宗教权力的运动，因而成为教会史上和文学史上的重要人物。——译者注

生，换取他的100千克铁，然后，买完这些铁之后，他就一个子儿都没有了。那本书或者别的任何一个与此价值相当的东西带来的享受他再也感受不到了，也就是说他平白损失了那5个法郎。你也赞成这种说法吧，你无法否认这种说法，你不能不承认，贸易限制确实抬高了价格，给消费者造成了5个法郎的损失。

然而，有人却说，这笔钱并不是完全消失了啊，国内工业得到了这个差额。

不，国内工业也没有得到这个差额。因为，颁布法令后，这笔钱带来的促进作用是一样的，都是15个法郎。

由于颁布了一项不公正的法令，老好人詹姆斯先生的15个法郎只能全都交给冶铁商，而在法令颁布之前，这笔钱却可以分成两份，分别给女帽制造贩卖商和书商。

从道德层面来看，贸易保护主义先生个人在边界上所能使用的力量，和这项法令为争取他的利益所发挥的力量，是截然不同的。有些人竟然有这样的观念——法律规定抢掠合法，那么它就不再是不道德的了。但对我来说，我无法想象有什么事是比这更令人惊心的了。但是也许有一点事情是确定的，那就是其经济后果总是不会有什么改变。

你可以随便从什么角度来研究这个问题，但是如果你能冷静地思考，就会发现，不管怎样，从合法或非法的抢掠中都是得不到任何好处的。我们并不想否认，这种行为可能为贸易保护主义先生或他的行业，你愿意的话甚至也可以说是为国内工业，带来了5个法郎的好处，但我们也可以肯定，这种行为同时也导致了两层损失：一是老好人詹姆斯先生，以前他只需10个法郎就能买那些铁，而现在却需要支付15个法郎；另一个蒙受损失的是国内工业本身，它无法再得到那5个法郎的差额。你自己选择一下，我们看得见的那些好处能够补偿哪个损失？无论如何，你没有选择的那一项就必然遭受净损失。

第八章 "邪恶的"机器

"我们诅咒机器赶快下地狱！一年又一年，这些机器惊人的动力使上百万的工人陷入贫困之中，机器毫不留情地剥夺了工人们的工作机会，抢走了他们的工作，就是抢走了他们的工资，而抢走了他们的工资，也就抢走了他们的面包！我们诅咒机器！"

这是来自无知者的带着成见的呼声，这种呼声终日回响在我们的报纸上。

然而，咒骂机器，其实就是咒骂人类的智慧。

令我感到难以置信的是，竟然还真有人信服这样一种荒谬的理论！

因为，如果这些说法是可信的，那么，按照这种逻辑我们的社会会是什么样子？其结果必然是这样的：只有那些愚昧到精神上处于静止状态的民族，老天没有赋予他们思考、观察、发明、创造，以及用最小的代价获取最大的成果的天赋的可怜民族，才有可能获得财富、幸福。与之相反的是，那些努力寻找和探索铁、火、风力、电力、磁力和化学、力学法则——一句话，即深入挖掘自然的力量——及自身所蕴藏的力量的民族，反倒只能衣不蔽体，屋不遮雨，陷入贫穷和停滞。这种反常的情况这可真是应了卢梭的一句话："人的思考状态是一种反自然的状态，思考者是一种堕落的动物。"

事情还没完。如果这种理论是正确的，那么，人们运用智慧所思考和发明创造的一切，事实上也就是从头到脚的一切都是该被咒骂的：包括人的每时每刻的存在本身，人们努力想利用自然的力量，以小搏大，尽量减少自己的体力劳动或服务于他们的那些人的体力劳动，用尽可能少的劳动量最大限度地获得能满足自己需求的东西。据此，我们必然要得出这样的结论：就是因为这个世界上的每个人都在利用自己的聪明才智让自己不断进步，所以，整个人类都正在走向堕落。

因此，从统计学上我们就可以肯定，兰开斯特[1]（Lancaster）的居民必然会为了远离机器，通通跑到爱尔兰去，因为那里的人们还不知道如何使用机器；因此，如果按照这种理论，历史就应该换一种形式发展了——野蛮的阴影笼罩文明的新纪元，而文明必然繁荣在无知和野蛮的时代。

显然，这种理论中存在着很多令人震惊的自相矛盾之处，希望这可以给我们一点警示：这个问题掩盖了对解决该问题非常重要的因素，然而对于这一点尚无人充分地予以揭示。

在所有看得见的东西后面，还隐藏着看不见的东西——这就是秘密

1　英国英格兰西北部城市，主要工业有纺织（主要是合成纤维）、家具、漆布、印刷、印染、酿酒等。——译者注

的关键所在。我下面要做的就是揭开这看不见的东西，让读者看见光背后的影。当然，我的论证无非是前面已经讲过很多遍的东西的重复，因为这里的问题其实没有什么两样。

我们会发现，人的天性就渴望交换，只要不受暴力阻挠，他们就希望进行交换，也就是说，互相交换某种东西，某种能够满足自己需求的同等价值的东西，以节省自己的劳动。至于这种东西是出自能干的外国制造商之手，还是出自精明能干的机器制造商之手都无关紧要。从理论上来看，反对人的这种天性的理由都是一样的。不管在哪种情况下，人们都指责应用及机器生产的厂主减少了工人的工作机会。然而，这种看法其实是荒谬的，机器生产实际上并不是使工作机会减少，而是更多地解放人的劳动，使其能够从事其他工作。

也正是因为这样，面对外国人和机器的竞争，保护者们都设置了同样暴力的障碍。立法者严禁外国产品在本国参与竞争，也不许机器进行竞争。让这些立法人士不惜压制所有人的天性、取消他们的自由的，还能有什么原因呢？当然，在大多数国家，立法者往往只禁止一种形式的竞争而对另一种形态的竞争只是抱怨几句而已。这只能说明，在这些国家，立法者对自由竞争的打击还不够持之以恒。

这一点其实没什么好奇怪的。在各种各样错误的道路上，我们总会看到这种不能贯彻到底的事，也幸好如此，否则人类岂不是早就完蛋了。老实说，我们从来没有看到过、也希望永远不要看到，把某个错误的原则贯彻到底。在其他地方我曾经说过：充满荒谬错误的事物必然是前后不一的。在这里我愿意再补充一句：前后不一也正是其荒谬性的最好证据。

我们还是回归正题，继续来谈谈机器吧，我不想在题外话上费太多口舌。

我们假设老好人詹姆斯先生有两个法郎，这两个法郎可以让两个工人挣走。

但是现在，假定他发明了一套省力省时的滑轮装置，这样一来，同样的工作只需要原来一半的时间和一个工人就可以完成。于是，这项工作完成了，老好人詹姆斯先生的需求得到了满足，但却节省了一个法郎，少雇佣了一个工人。

他少雇佣了某一位工人，这是我们可以看得见的。

于是那些仅仅看到这一点的人就开始大放厥词了："看看吧！对渴望走向文明的人类来说，这是一件多么不行的事情啊！有时候，过度的自由对于平等来说，可真是致命的威胁啊。一帮人费尽心力搞出了个新玩意儿，立刻就有一位工人永远地陷入到可怕的贫困深渊了。有人可能会辩解说，老好人詹姆斯先生还可以再雇两个人给他干活，但他却不可能再给他们每人10个苏了，原因很简单啊——这两个工人会互相竞争，最后只能以更低的价格来出卖他们的劳动力。这样下去，富人就越来越富而穷人却越来越穷了。为了正义起见，我们必须改造我们的社会。"

这可真是个很了不起的结论，也是一个前提应该更坚实一点的结论。

让我们欢呼吧，这里的前提和结论其实都是错误的，因为在可以看得见的那一半现象的背后，还有另一半看不见的东西。

人们忽略的一面就是，老好人詹姆斯先生节省下来的那一个法郎必然会带来的辐射效应。

现实中，老好人詹姆斯先生由于巧妙地利用了自己的发明创造来满足自己的需求，就不用再花费两个法郎而只需花一个法郎即可，他手里还留下一个法郎的余钱。如果此时市场上有一个想找点活干的工人无事可做，那么，在另一个地方，也必然有个人在为他手里的一个法郎寻找出路。这两个因素会相遇，然后就结合在一起，使得彼此的需求都得到满足。

事情很清楚，此时，劳动的供应和需求之间以及工资的供应和需求之间的关系，都没有任何改变。

现在，以前由两个工人干的活将由发明出来的新技术和那个获得了第一个法郎的工人一起完成。

至于另一个法郎则会由哪个角落里的另一个工人获得，不过他是去干了一份新的工作。

那么，我们的世界会因此发生哪些改变呢？最起码的一点是，整个国家的满足程度提高了；也就是说，新发明简直是一顿免费的大餐，整个人类都可以获得一种不用付出任何代价的好处。

也有人可能会根据上面的论证得出下面的结论："就是那些贪得无厌的资本家，拿走了从机器的发明中所获得的全部好处，而辛苦工作的劳动者，不但要暂时地承受机器带来的痛苦，而且还无法从中得到任何好处，因为，根据你上面说的那番话来看，机器的发明不过使劳动阶级在全国各个产业中的比例出现了调整，好吧，也许这个过程中并没有减少工作机会，但也没有增加工作机会呀。"

我试图在这篇文章中回答所有的疑问，但这事实上是不可能的。写作本文的唯一目的是驳斥一种无知的偏颇见解，因为这种偏见危害很大偏偏又广为流传。我希望证明一点，新机器的发明，不仅可以创造出满足一定数量工人的工作职位，而且也必然会创造出可以支付他们工资的资金。更重要的是，这些工人和这些钱最终会结合在一起，从而生产出在发明之前根本不能想象的东西。由此我们可以得出结论，发明创造的最终结果，就是人们的满足程度增加了，增加的幅度就等于因此而节省下来的劳动力。

那么，这部分超额的满足人们需求的东西最后落到谁手里了呢?

我们必须承认，首先是资本家获取了它，是发明者以及那批最早利用这台机器的人获取了它，这份收获是对他们天才和勇气的奖赏。写到这里，我们已经看清楚了这样的情况：新发明机器的利用实现了生产成本的节约，至于那部分节省下来的钱，不管他怎么花（反正他总要花出去），总是可以提供就业机会，而且其数量就等于机器节约出来的就业岗位。

但是事情很快会发生变化，竞争就会迫使他降低其产品的售价，直到无法继续占有节约的那些成本为止。

到了这个时候，发明家也不再能够占有发明创造所带来的好处了，受益者变成了这种产品的购买者、消费者以及公众，其中也包括工人——一句话，是整个人类。

这就是看不见的：节约下来的那部分钱，会落到所有消费者的腰包里，从而形成了一笔数额可观的资金，这笔资金可以转化为工资，用来雇佣那些被机器淘汰的工人。

让我们回到前面的例子，在之前老好人詹姆斯先生要支付两个工人的工资才能得到一件产品。但现在由于新的发明创造，他只需要为体力劳动支出一个法郎。

假设这件产品也以同样的价格出售，那么，与以前相比，现在制造这件产品就要少雇佣一个工人，这是看得见的；但是，节省下来的那个法郎老好人詹姆斯先生又可以用之多雇佣一个工人，这是人们看不见的。

随着整个事态的自然而然的发展，老好人詹姆斯先生渐渐地就得把这件产品的价格降低1法郎，直到他无法再从这件商品上比别人多赚一个子；这时候，他就不再能够剩余出一个法郎为整个国家创造生产新产品的就业岗位。但是这一个法郎并没有消失，总有那么一个人，或者是整个人类得到了这笔节省下来的钱。也就是说，不管是谁购买这件产品，他都可以为自己省下一个法郎，他必然把节省下来的一个法郎转变为工资基金。这同样也是看不见的。

为了解答这一问题，人们还提出了另一条思路，听起来也挺像那么回事儿的。

有人说："机器的高效率压缩了生产成本，降低了产品价格。价格降低必然会刺激消费，而消费的增加必然又会促进生产增加，最后，就会使用跟发明创造之前同样数量的工人——或者更多工人。"为了加强这种论点的说服力度，他们举出了印刷术、纺纱机、印刷机的例子。

但实际上，这种说法是不科学的。

根据这种说法，我们可能会得出这样的结论，如果我们正在探讨的这种产品的消费额基本上保持平稳不变，那么，机器就会对就业问题产生负面的影响。但事情当然不是这样的。

我们假设在某个国家，所有的人都喜欢戴帽子，而帽子也成为他们生活中必不可少的装饰品。现在如果使用了机器，使帽子的价格便宜一半，那么这种情况未必会使帽子的销售量也相应地增加一倍。

如果情况真是那样，那么是不是说全国劳动者中就有一部分变得无事可做？如果按照无知的逻辑去推导的话，我们的回答就是：是。但如果根据我的理论来推导，答案就是：否。因为，在这个国家，用来作为工资的资金总量并没有发生变化；我们看到，所有消费者所节省下来的钱如果不是都流入帽子加工行业，那就会转变为由于机器高效率工作而多出来的其他劳动力的工资，从而推动整个工业取得新的进步和发展。

社会的现实就是这样的。比如，我以前看的报纸都要卖到80个法郎左右，现在却只卖48个法郎。节省下来的那32个法郎毫无疑问留在了订户的口袋里。虽然我们不能肯定地说这32个法郎必然会继续流入新闻行业；但我们可以肯定的是，这些钱如果不流向这个地方，就要流向另一个地方，事情必然是如此。而节余下来的钱更不必担心没有花费之处，一个法郎可能用来买更多的报纸，另一个法郎可能买更多的美食，第三个法郎可能买来更好的衣服，第四个法郎可以买来更好的家具。

在一个社会中，各行各业都是紧密相连的，它们交错纵横构成一个巨大的网络。在这个网络中，所有的线都通过各种各样明显的或者不易察觉的方式连接在一起。一个行业中的节约会有利于所有行业的发展扩张。重要的是每个人都要清楚地认识到：永远，永远不要以就业和工资为借口来干预经济。

第九章　谁关心阿尔及利亚

　　在国民公会上，有4位雄辩家都在声嘶力竭地讲着他们的观点，先是一起呼喊制造威势，接着又一个接一个地喊话。那么，他们都说了些什么呢？老实说，他们说的确实都是些很美好的东西，让人听后感觉愉悦的东西：夸耀了法国的实力和伟大，描绘了我们广阔殖民地灿烂的前景，宣讲了重新配置我们过剩人口的好处等等。当然，这些雄辩的演说最后总是装点着这样一种诱人的结论：

　　政府可以在阿尔及利亚[1]（Algeria）修建港口和公路，这样就能够把我们的殖民者运进那里，为他们建造房屋，为他们开辟出土地。这样一来，原本压在法国工人肩上的负担就可以卸掉一部分，同时也能促进非洲的就业，增加马赛（Marseille）的贸易，所有人都可以从中受益。而我们所要做的，仅仅是拨款5000万法郎（在拨款数额上，有的人说的多一些，有的人说的少一些）。

　　在花费这5000万法郎的时候，如果我们只考虑这笔钱款的流向，却

1　阿尔及利亚曾为法国殖民地。1834年阿尔及利亚被宣布为法国领土，1871年成为法国的三个省，1905年阿全部沦为法国殖民地。——译者注

不愿意分一点时间出来考虑它们是从何而来的；如果我们只考虑它们离开税务官牢固的钱箱运转起来后所带来的好处，而不管征收这些税款会带来什么样的负面影响，或者说不考虑这些钱由于进了政府的钱箱而给纳税人造成损失的问题，那么，我们只能说，确实所有人都在受益。而且，如果始终用这样的逻辑这样考虑问题，那么，所有事情都是有利的。毕竟那些建在北非伊斯兰教区的房屋是看得见的，建在北非沿岸的大大小小的港口也是看得见的……这些地区所创造的就业岗位也是看得见的；法国国内的闲余劳动力在某种程度上有所减少是看得见的，马赛地区的商业活动渐渐地繁荣起来，也是看得见的。

然而，还有一些东西是这些人士没有看见的：政府出手大方地花掉了这5000万法郎，贡献了这笔钱的纳税人就不能再花了，事实上从各种公共开支所带来的好处中，我们总能推论出这种行为妨碍私人开支的全部坏处——有一点还是值得欣慰的，至少我们还没有过分到竟然说詹姆斯·好人先生根本就不在乎他辛苦挣来的但却被税务官轻松拿走的那5个法郎——这种说法无疑荒唐到了极点，因为他之所以不辞辛劳地去挣那5个法郎，不过是因为他渴望用这些钱来获取某些满足自己欲望的东西。比如他原本可以雇人给自己可爱的小花园扎上一圈篱笆，现在却不可能了，这是看不见的；他原本可以雇人给自己的田地施肥除草，现在也办不到了，这是看不见的；他原本可以为家里添置一点家具，现在没指望了，这是看不见的；他原本可以改善一下饮食，给自己多买几件衣服、他原本可以让儿子接受更好的教育，给女儿多置办一些嫁妆……现在他通通做不到了，这些是看不见的。于是我们看到，一方面，他被剥夺了一些必需品的享受，现在他日常生活要依赖的东西眼睁睁地就没有了；另一方面，他的那一小笔款子本来可以使他所在村子里的杂工、木匠、铁匠、裁缝或者教师有更多的活儿可干，而现在这些工作机会却凭空消失了，这些都是看不见的。

　　阿尔及利亚未来的繁荣景象是美好的，我们的国民应该要好好地考虑这一点，这当然没有问题；但也得分点神同时考虑一下法国以及法国纳税人必然要蒙受的损失。人们总乐于向我描述马赛商业繁荣的前景，然而，假如这种繁荣是税款一点点培育出来的，那我倒宁愿指出，国内其他地区的商业将遭受的损害有多大。他们兴奋地说："想想吧，每运送一位殖民人口到北非伊斯兰地区，就可以减轻一点留在法国的人们所面临的人口压力，增加他们的就业机会。"对此，我会这样回答："问题是，在我们把这位殖民者运送到阿尔及利亚的时候，我们是不是也得同时运送去比他在法国维持生活所需要的多2~3倍的生存资本？"[1]

　　我这样反复地言说的唯一的目的就是希望读者们明白，不管是什么

1　国防部长最近宣布，把一个人送到阿尔及利亚去，要花掉国家整整8000法郎。然而按照现在的一般标准，我敢说现在一个普通人每年有4000法郎，就可以在法国生活得很不错了。这样一来，我就很想知道，如果你在带走一个人的同时，带走了可以供养两个人的钱，这就是你为法国所做的贡献？——原注

样的公共开支，在其表面所呈现的种种好处的背后，都隐藏着通常难以发觉的坏处。我所有的努力都是为了使读者们养成一种习惯，那就是在看到看得见的一面的同时，也要仔细地思考洞察看不见的一面，在判断其可行性之前对二者进行综合的考量。

因此如果再有人提出增加公共开支，我们必须仔细地考察它给我们自身带来的正面的以及负面的影响，而不应仅仅考虑其在增加就业机会方面带来的所谓的正面效应，因为很多时候这方面的效应无非是一种错误的幻觉。老实说，公共开支在这方面能够做到的，私人来投资一样可以做到，甚至可以做得更好，因此，就业机会问题根本就与此不相干。

虽然本文的讨论范围并不包括评估投入到阿尔及利亚的公共开支的内在价值，但我还是忍不住要做一点分析。这样做是很有必要的，因为之前人们没有对通过税收进行的公共支出所带来的正面经济效应做出过正确的评价。为什么？我提出下面的理由。

首先，这么做有损公平精神。詹姆斯·好人先生辛辛苦苦地挣来100个苏，是想用这些钱来满足自己的需求，但是现在税务官出现了，这笔钱被征走了，他肯定会生气，至少会说，税务官把他应得的享受拿走，给了另一个人。拿走了人家的钱，那些征税的人当然得给人家一些好听的理由吧。于是国家在征税后总是会用这么一个俗套的理由安抚纳税人："用这100苏，我会创造就业岗位，让某些人有活可干有钱可拿。"对于这样的理由，如果詹姆斯·好人先生头脑清楚的话就必然会回答：

"天啊！我本来是可以用这100个苏让别人为我干活的！"

国家确实曾经提出过上面的理由，也确实有人曾毫不客气地提出过这种反驳意见，如此一来公共财政官员与可怜的詹姆斯先生之间的辩论就非常简单了。假如国家对他说："我要从你这儿拿走100个苏，用来雇佣警察，他可以保障你的生命财产安全的；这笔钱也可以用来雇人修筑你每天都要走过的马路；也可以用这笔钱雇佣官员，他可以负责保护你的财产权和自由权利；也可以供养军队，以保卫我们的边界安全。"如果是这样的话，詹姆斯·好人先生恐怕无话可说，我所考虑的那些看不见的东西也就派不上用场了。但是，如果国家这样对他说："我虽然从你这儿拿走100个苏，但如果你好好地耕种自己的田地，或者让你的儿子学习你不想让他学习的东西，或者让某位内阁部长在他有100道菜的豪华晚宴上再增加一道菜，我就奖给你1个苏。我也可能拿这100个苏在阿尔及利亚某地修建点什么，不用说也可能拿更多钱去养活某位被运送到那里的殖民者，或者从税款中抽出一笔钱供养一位士兵保护这位殖民者，再用另外一笔钱供养一名将军领导这些士兵，如此等等。"那么，我想老好人詹姆斯先生一定会愤怒地叫嚷起来："这是什么司法体系？！简直就是强盗法则！"国家也可能会聪明地预见到这些反对的理由，那么它会怎么办呢？答案是搅乱一池清水，模糊焦点。它会提出某种对讨论问题没有助益的而且老套的让人生厌的论点。大谈特谈这100个苏可以创造多少个就业机会；会说有多少个厨师和商人因满足部长大人们的需求而获得收入；给我们大讲这5个法郎可以养活一位离家万里的殖民者、一位勇敢的士兵或一位睿智的将军……总而言之，它给我们讲的，都是那些看得见的东西。这样一来老好人詹姆斯先生就很容易被愚弄，如果他不知道下一步就该探讨那些看不见的一面的话。正是考虑到这一点，我才要反复地强调，殷切地教给他这种观察方法。

让我们认清一个事实吧！公共支出只能重新配置就业岗位而无法增加工作岗位，因此我们可以得出结论，这种支出的质量是低劣的，效率是奇差的，应该消除这种情况。因为重新配置就业岗位就意味着使工人的就业位置发生变化，破坏了控制着人口分布的自然法则。相反，如果让这5000万法郎留在纳税人手中，这笔钱均匀配置在全国范围内，就可以促进全法国4万个市镇的就业发展；如果真能这样，那么这笔钱就成为让每个人都能跟他的祖国密切地联系到一起的纽带，它可以在尽可能多的工人中间和所有可以想象的出的行业中配置。而现在，假如国家以税收的名义拿走国民们的这5000万法郎，并且把这笔钱集中花到一个地方，毫无疑问，这必然会将其他地方相应数量的工人吸引到这个地方来，就业问题暂时解决了，但一旦这些钱花完，这些工人就会失去工作，成为事实上的流动人口，同时失去了原来的社会地位，我敢打赌，那时这些工人的处境就会更艰难了。还是让我们回归本文的主题吧，现在的情况却是：国家这种把所有的钱都聚集起来投向一个小地方的狂热举动，吸引了每个人的注意力，这些是看得见的；人们都拍手叫好，感叹国家轻而易举就解决了很多问题，不仅如此，他们还要求多多实施这种经济活动，并进一步扩大实施范围。看不见的则是在法国的其他地方，却再也创造不出同样数量的工作岗位了，而且是可能更有用、更符合国民利益的岗位。

第十章　节俭与奢侈

　　非常遗憾的是，事物看得见的一面掩盖了不容易看见的一面，这种情况并不仅仅发生在公共支出问题上。由于对政治经济学智慧的无视，这种看得见和看不见的现象慢慢地形成了一种错误的道德标准，这导致人们往往把道德利益和物质利益看成是对立的。真的没有比这更令人沮丧或更令人悲伤的了！请看：天底下所有的父亲们，都在教导自己的孩子遵守秩序，勤俭节约，不要随便花钱；天底下所有的宗教无不痛斥摆阔气和奢侈无度的行为。表面上看来，上面的说法都很好，对我们的生活是有益的。然而，另一方面，我们知道还有一些比这些言论更流行的说法：

　　"过分聚藏钱财会使一个民族的发展陷入停滞。"

　　"大人物生活得奢侈一点可以使小人物生活得更舒服。"

　　"纨绔子弟的纵情享乐毁了自己但却富了国家。"

　　"仇富是没有必要的，正因为有了富人的大手大脚，穷人才能够得到面包。"

　　在上述这些论调中，我们可以很清楚地看到道德观和经济观之间存在着不可调和的矛盾。有很多目光敏锐之士也指出了这种矛盾，但让我无法理解的是他们在之后仍然可以对此熟视无睹！在我看来，没有什么比在自己的内心中发现这种矛盾性更令人痛苦的了。这样做不对，那样做错误，非此即彼的二元对立，反正人类总是得堕落——选择节约俭省，人类的经济就将进入可怕的停滞状态；选择挥霍浪费，人类便会滑入道德破产的深渊！

我要在这里指出，上面这些广为流行的格言对节俭和奢侈的看法是错误的，原因是它们只考虑了眼前的、可以看得见的后果，而没有考虑到那些远期的、看不见的效应。下面我们就对这种不完整的看法做一些修正。

有一对兄弟蒙多（Mondor）和阿里斯特（Aristeetd）平分了父亲留下的遗产，他们每人每年有5万法郎的收入。靠着这笔丰厚的遗产，哥哥蒙多过上了最最时髦的生活，他花钱大方慷慨，其实我们也可以说是挥霍无度：一年之内几次更换家具，每月都换一辆新马车，周围的人们也把他当作"富豪""肥羊"，每天都在想着搞出新奇好玩的东西，好尽快将他那些钱榨干净。总之，他让巴尔扎克（Balzac）和大仲马（Alexandre Dumas）小说中生活奢靡的主人公[1]也相形失色。

结果这样的纨绔子弟被人吹捧起来，一时间备受赞誉："给我们讲

1　巴尔扎克和大仲马都是法国著名作家，他们都善于写没落衰败的贵族阶级和暴富的资产阶级，笔下多有生活奢侈的人物。——译者注

讲蒙多先生的事吧！多么了不起的人啊！穷苦人都要感谢他呢，他可真是法兰西的拯救天使。没错，蒙多先生的生活确实有点奢华无度，他从街面上疾驰的马车确实溅了行人一身泥水，他的行为虽然不那么体面，我们甚至可以说他的行为使其本人以及人类的尊严多多少少都受到了损害……但这又有什么关系呢？虽然他没有通过自己的勤劳而成为对社会有用的人，但他确实也通过自己的财富造福于社会了。他的消费让钱快速地周转起来了，商人们络绎不绝地出入他的家中，而且每个商人都钱包鼓鼓地满意而归。金币本来就是圆的，就是应该转起来嘛。"

同样是继承了5万法郎的财产，但弟弟阿里斯特的生活方式却截然不同：就算他不是个自我中心主义者（egoist），至少也该算个人主义者，因为他花钱的时候总是精打细算，不太追求享受，总是考虑自己孩子的未来，一句话，他是那种节俭度日的典型代表。

现在，咱们来听听看大伙儿是怎么评价他的！

"地地道道的守财奴！吝啬鬼！他这样生活对社会有什么好处？当然，我们承认他的简朴生活很感人，而且他的人品没问题，他是仁慈的，善良的，但是要我说在金钱这件事上他也太会算计了。他有那么多钱，却不愿意多拿出一些用来消费。看看他的房子吧，一年到头既不光彩照人，也不门庭若市。那么，你想木匠、车匠、马商和糖果商人能对他有什么好印象吗？"

毫无疑问，这些评判对道德伦理来说是有害的。人们之所以会有这种看法，是因为他们只看到了一件事：纨绔子弟的挥霍给商人们带来了多少好处，但却没有看到另一个事实：节俭度日的兄弟相比挥霍无度者的花销，其实是同样多，甚至更多。

我们要相信，自然所安排的社会秩序是美好而有序的。政治经济学与伦理跟万事万物一样，都在这种秩序中保持和谐一致，它们不可能也不应该是彼此相冲突的，因而，阿里斯特的节俭生活的智慧不仅更珍贵，而且比起荒唐的蒙多来，社会带来的益处也就更多。

我需要解释一下，这里所说的能带来更多好处，并不仅仅是指为阿里斯特本人带来更多好处，也不仅仅是对整个社会带来更多益处，甚至也包括能给我们时代的工人、对当代的产业，带来更多好处。

而要想证明这一点，我们就必须在思考人的行动带来的那些眼睛看不见的隐蔽后果。

是的，蒙多挥霍金钱的效应是所有人都能看得见的：每个人都能看见他驾着各种各样的豪华马车，比如华丽的四轮双座有篷马车、最新款的双排座开合式顶篷四轮马车、四轮敞篷轻便马车；人们也都能看见他家天花板上精美的绘画、看见他名贵的地毯、看见他那奢华富丽的豪宅；每个人也都看到了，他在赛马中骑着从国外高价购进的纯种马，在巴黎豪宅中举行着让林荫道上的路人都颠倒迷醉的宴会……关于他的传说到处都是："看看那个出手大方的家伙，他的钱袋子上开了个永远缝不上的洞，他简直花钱如流水。"

但是说阿里斯特的行为有益于劳动阶级，我们却不大容易看清楚。但是，只要花一点时间就好好梳理，就可以完全肯定地说，他的所有收入——注意，我说的是每一分钱——最后都会用来雇佣工人，他的钱所产生的作用跟蒙多的消费一模一样。两者之间唯一的一个区别是：蒙多大手大脚、今天不管明天的挥霍必然使其口袋迅速瘪下去，最后一分不剩；而阿里斯特明智的花钱方式却会使他雇佣工人的数量一年一年地增加，无形中也就给社会提供了更多的就业机会。

如果你承认这样的说法的确有道理，那么，同样就得承认公众的利益实际上是跟伦理道德和谐一致的了。

阿里斯特平均每年为他本人和家人的生活花去2万法郎。如果这样大的花费还无法让他觉得幸福，那他就一定认为自己昏了头了。对于穷人所承受的不幸他怀有同情，觉得自己有一种道德上的义务，多少也要救济一下他们，于是，他每年拿出1万法郎从事慈善活动。除此之外，他有一些朋友在一年中也有可能暂时陷入财政困难里。这些朋友可能是商人、制造商、农民。他了解到他们的处境，也愿意在必要的时候拉他们一把，当然他对此要考虑周到，并且要帮到点子上。在这方面每年又花去1万法郎。最后，他也会为自己的儿女做考虑，自己的女儿需要有副好嫁妆，自己的儿子要有个好前程，于是他每年都为此而储蓄、投资1万法郎。

因此，下面就是他的收入的用途：

（1）个人生活开销2万法郎

（2）慈善方面的活动1万法郎

（3）帮助朋友1万法郎

（4）储蓄或投资1万法郎

如果我们仔细地考察一下这些支出项目。那么，就会发现阿里斯特同样将每年所有的收入都花了出去，支持了国家的工业发展，一个子儿也没剩。

（1）个人生活开销。这一点显而易见，对于各行业的店主和工匠来说，这些钱的效应跟蒙多花同样数量的钱产生的效应完全相同，我们不用更多地讨论。

（2）慈善方面的活动。撇去道德方面的影响不提，他为此目的而捐献出的1万法郎跟别的同样数量的钱一样扶持了工业发展。这些善款会通过各种途径最终流入面包师、屠户、裁缝、家具商手中，只不过用这笔钱换来的面包、肉、衣服，并不是要直接地满足阿里斯特的个人需求，而是会满足那些受惠于捐款的人们的需求。钱都花出去了，至于消费者到底是谁，对于整个工业并没有任何影响。同样100苏，是由阿里斯特本人直接消费，还是他捐赠给一位穷人去消费，结果都是完全相同的。

（3）帮助朋友。阿里斯特把钱借给某位需要帮助的朋友，或者慷慨地用这笔钱为朋友举办葬礼，这样做所产生的经济结果跟我们的说法也没有任何矛盾之处。他的朋友拿到这笔钱后可以购买商品或者偿还自己的债务。在前一种情况下，这些钱会促进法国工业的发展。谁敢断言说蒙多用1万法郎购买一匹纯种马给牧业带来的好处，就大于阿里斯特或他的朋友用1万法郎购买布料给工业带来的好处？还要指出一点，如果这笔钱是朋友用来偿还一笔债务，那么在这一过程里将出现第三个人——债权人，他将拿到这1万法郎，但是这并不会产生什么负面影响，毫无疑问地他也必然会用这笔钱投资于企业、工厂，或者开发利用某些自然资源。他的出现只不过是在阿里斯特和工人之间又多了一道中介而已。钱的所有者是谁无关紧要，重要的是钱总会花出去，因而照样会促进工业发展。

（4）储蓄。别忘记，还有1万法郎被储蓄起来了。正是这一点最容易让人质疑阿里斯特，因为从表面上看，从促进艺术、工业发展和创造就业机会的角度看，蒙多似乎要比阿里斯特表现得好一些，尽管从道德上讲，阿里斯特要比蒙多优越一点点。

如果这种冲突是真实的，如果伟大的自然允许这种矛盾存在，那么，我不可能不陷入实实在在的精神痛苦之中。如果人类沦落到只能在两者之间做选择，要么让自己的利益蒙受损害，要么让自己的良心备受折磨，那么，对于人类的前景我们恐怕就要绝望了。所幸事实并非如此。要想证明阿里斯特的生活方式不但具有道德上的优越性，同时也具有经济上的优越性，我们只需明白下面这个令人欣慰的公理即可，而这条表面上看起来有点矛盾的公理也是经过了检验的：储蓄也是支出。

让我们看看阿里斯特怎么储蓄他那1万法郎的？他是不是跑到自家的花园中挖一个坑把那20万苏硬币埋起来？不，当然不是，这是最笨和不讨好的做法，他还想用之增加自己的资产和收入呢。因此，他会用这笔暂时闲置不用的钱来购买一块地、一栋房子，购买政府债券、购进一家工业企业，当然，他也可能把它委托给一位经纪人或是一位银行家打理。我们且不管这些钱到底是用这里假设的哪一种方式处理，你都得承认，这笔钱也会通过买家、卖家之手流通，并最终起到促进工业发展的效果，这跟他的兄弟用这笔钱来购买家具、珠宝、纯种马没有两样。

阿里斯特之所以用他那1万法郎购买一块土地或一笔债券，是因为他觉得，他不需要消费这笔钱。这一点可能会让你产生他没有尽到促进工业发展责任的错觉。然而，出售这块土地或者债券的人，最后也必然会以某种方式花掉他得到的那1万法郎，在这件事上不会有任何例外。

因此不管怎样，这笔钱总是会花出去的，区别只是由阿里斯特本人花，还是别人代替他来花而已。

因此，从劳动阶级的立场和扶持本国工业的角度看，阿里斯特的行为和蒙多的行为真的差别不大：蒙多的所有支出都是由他本人直接花费掉的，并且只为满足自己的欲望，这是看得见的；而阿里斯特的消费行为中，有一部分钱是通过中介渠道花费的，中间过程有一点曲折，这是看不见的。然而在实际效果上，对那些受他们消费活动影响的人来说，看不见的行为所产生的效应与看得见的行为产生的效应是完全相等的。

能够证明这一点的就是，在这两种情况下，钱都在经济系统内周转，留在弟弟保险箱里的钱并不比留在大手大脚挥霍的哥哥保险箱里的钱更多。

因此，那种认为节俭会对工业带来实际的损害的观点，是错误的。就促进工业发展而言，节俭和奢侈的最终效果是一样的。

即便如此，我们还是觉得，这些钱如果不是用于肆意享乐，而是细水长流，那么，对工业的好处会更多，道理何在呢？

10年时间很快过去了。纨绔公子蒙多和他的财产以及他广为传诵的轶闻，如今安在？这一切辉煌早已经烟消云散了，蒙多已经风光不再了，他非但不能每年为经济发展投入5万法郎，相反，他可能早就开始靠吃福利金过日子了。他现在怎么样已经没有人关心了，反正他不再是店主和商人们的乐趣所在了，他也不再被当成是艺术和工业的促进者了，他对工人也不再有任何用处了；更悲惨的是他对他的子孙也毫无用处，他大肆挥霍、罔顾后代利益的做法已经把他们抛置在悲惨生活之中。

同样是在10年之后，当初被认为是"吝啬鬼"的阿里斯特却不仅继续将其收入投入到货币周转中，而且，每年为社会、为经济发展贡献出的钱还在增加。我们可以看到，他用于支付工人工资的资金数量每年都在增加，他雇佣的工人越来越多，为劳动阶级提供的报酬也越来越多。等到他去世的时候，他的生命已经留下了痕迹，这些进步和文明的成果就是最佳见证。

　　从道德上讲，节俭是要优越于奢侈的，这一点没有什么争议。而令人欣慰的是，从经济角度来看，节俭也同样具有优越性，不管是谁，只要他不是仅仅考察事物的直接效应，而选择深入探究其深层效应，就必定会认同这一点。

第十一章　就业的权利与保证获取利润的权利

"兄弟们，把你的钱分一点出来让我有活可干吧！"这是在要求获得就业的权利。

"兄弟们，把你的钱分一点出来让我也有钱可赚吧！"这是在要求获取利润的权利。

以上所说都是靠看得见的那些效应来维持生命力的，如果我们仔细去思考看不见的那些效应那么其合法性和合理性就会大打折扣。

可以看得见的是，向纳税人征税、向社会搜刮钱财，的确创造出了很多工作机会和利润；而看不见的一面则是，如果这些钱被留在纳税人自己手中，也同样能够创造出这么多工作机会和利润。

在1848年的一段时间里，就业的权利曾经像一枚硬币一样向公众显示了其两面性。这就足以把它毁在公众舆论手中。

一面被称之为：国有工厂；另一面则是：加税45分[1]。

1　二月革命时实行的一项经济政策：新政权为了解决失业问题，创建了国有工厂，同时也把间接税率提高了45分。但事实上这项政策只是一个闹剧：国有工厂对解决失业所起到的作用微乎其微，甚至根本就无法运转。——译者注

每一天，都有上百万人从塞纳河两岸[1]涌入国有工厂工作。这是这枚硬币美好的一面。

糟糕的是，这枚硬币还有另一面。如果想要从保险箱中拿出那几百万法郎，首先得有人贡献出这笔钱。于是，发起"就业权利"这一运动的组织者们最后都不得不向纳税人伸手。

于是，农民们委屈满腹了："我必须得多缴纳45分。因此，我就会平白失去一件衣服，我不能再雇人给我的田地施肥了，我不能再找人修整我的房子了。"

于是，等人雇佣的手艺人们也牢骚不停了："由于我们的雇主没钱添置新衣服了，所以，裁缝的活儿就少了；由于他没钱再给自己的田地施肥了，所以帮工的杂活也少了；由于他没有钱修整房子了，所以木匠和砖瓦匠的工作也少了。"

到这里，我们已经可以看得很清楚了，一桩买卖中你无法两头获利；这也证明了，由政府掏钱创造工作岗位，那么也要付出代价——纳税人不能再掏钱创造就业岗位了，这就是就业权利的最终结局。我们都可以看到，它既是一种不公平，也是一种不现实的幻想。

然而，获取利润的权利说穿了也不过就是就业权利的一种扩展而已，但与后者相比，它却显得很有生命力，在当今社会仍然大行其道。

1　此处指代巴黎。塞纳河流经巴黎时，把巴黎分为两部分，两岸巴黎由34座桥梁连接在一起。——译者注

　　这样说来贸易保护主义者让社会在整件事中扮演的角色是不是多少有些可耻？

　　贸易保护主义者蛮横地对社会说："你必须给我提供就业机会，不仅如此，你还必须给我提供有利可图的工作岗位。进入这个行业是一个愚蠢的选择，我现在亏损了10%。对我来说，我要求有盈利的权利，你也有义务满足我的要求，事情其实很简单，如果你对大家征收20法郎的税金的时候，给我来个免税，那我就扭亏为盈了。"

　　他的这一番诡辩打动了社会，于是在对全社会都征税的时候，他却幸运地成了例外。社会没有认识到这样一个问题，那个行业扭亏为盈了，并不等于它不亏损了，表面的亏损之所以被勾销，是因为社会中的其他人被迫承担起了那个亏损——我倒是觉得，这个社会也活该承担别人强加给它的这些负担。

　　从上面讨论的很多问题中我们也可以看到，如果不了解政治经济学，那么我们在面对某一现象的直接效应时就很容易被冲昏头脑；而对政治经济学有足够了解之后，就能够全面地考虑各种各样的效应，权衡利弊。这里所说的效应既包括直接效应，也包括远期的效应。

　　如果我愿意的话，其实还可以找出一大堆问题进行一番同样的分析。不过，我还是决定到此为止吧，因为道理都是一样的，一通则百通，反复论证也无大益。我希望把夏多布里昂[1]（François-René de Chateaubriand）谈论历史的一段话用到政治经济学上，作为本文的结语：

历史总是会产生两种后果：一种是眼前的，几乎在事件发生的同时就可以认识到的；另一种则是远期的，最初可能觉察不到的。你会发现这两种后果经常是互相抵触的，前者出自我们短视的眼睛，而后者则需要我们具有思虑深远的智慧。值得庆幸的是，最终的结果总是合乎人性的。在人的后面站着上帝。可能有人不愿意相信这种智慧的力量，或者干脆偷换概念，把普通人称之为天意的东西称为"环境的力量"或者是"理性"；但是，看看那些已经出现的结局吧：如果一件事情不是起初就建立在道德与公正的基础上，则其结果必然会是南辕北辙，适得其反。（夏多布里昂《墓外回忆录》）

———————

1　夏多布里昂，法国作家、法国浪漫主义文学运动的先驱。1814 年波旁王朝复辟后成为贵族院议员，出任外交大臣。其主要著作有《革命史论》《基督教的真谛》《关于罗马帝国崩溃的历史研究》，最著名的则是其积 40 年之功力写就的回忆录《墓外回忆录》。——译者注

附录　争论与真相

1.我们的产品包含税收

　　这其实是无稽之谈：有人提出对进入国内的国外产品进行征税，目的是为了使该产品与在法国国内生产的同类产品所负担的国内税收持平。这种说法也是很荒唐的，与我们之前思考过的创造同等生产条件的说法本质上一样的。在国内对产品征税是一种人为阻力，其后果无异于自然阻力，都会导致价格的上涨。如果产品价格进一步上涨，甚至涨到比同类产品的交换价值还要高，那就放任该产品自生自灭吧。从自身利益出发，个人权衡利弊，选择对自己而言最佳的方案。实际上，我本可以请读者参考上文的论述，然而我一心要阐述清楚的谬误却在各种抱怨、各种诉求中复活，因为目前这种保护主义的论调还得到很多人的拥护，因此我觉得有必要对此做进一步的分析。

　　现在让我们分析一下对某种产品额外征税的情况。我赞成对进口的国外产品征收相同数目的同种税收。例如，我觉得免征进口盐的税收是很荒唐的，这并不是因为法国不对此产品征税导致利益损失而持反对态度；而恰恰相反，对进口征税是应该的。然而不管怎样，规律始终是规律，法国取缔了盐税会因此而受益，就如同克服任何阻力获益是一样的。不管阻力是自然形成的，还是认为造成的，这些阻力都是为实现财政目标而形成的。财政目标是必须要完成的，如果对在国内销售的进口盐免征税收，那么财政部的收入将会减少数十亿法郎，为了弥补这个缺口，它会通过增多其他产品的税收从而实现财政目标。为了实现某个目标而设置重重阻力显然是自相矛盾的。我觉得比较合理的做法是，一开始就通过征收其他税收筹集财政收入从而实现财政目标，而对法国自己生产的盐实行免税政策。在我看来，关税存在的唯一的合理理由是：目的不在于保护国内的产品，而是为了筹集财政收入才征收进口商品的关税。

　　但是，如果一个国家只是由于本国税收压力比邻国的压力大就想通过征收保护性关税与邻国展开竞争，那么这个国家的做法就大错而特错了，这也是我原本计划澄清的谬误之一。

　　我已经多次重申，在此我仅限于在理论上进行讨论，最大限度地揭示保护主义错误的根本原因。当我们与他们辩论的时候，我就会问："你们的关税为什么主要针对税收负担最重的英国和比利时呢？我把你们的观点作为借口是毫不过分的。"但是我并不同意倡导保护主义的人们纯粹是出于自利动机而没有掺杂任何其他宗教因素。由于保护主义受到太多人的拥护而致使人们看不清它的真面目。如果大多数人们都信奉自由贸易，那么我们就应该实行自由贸易。很明显，征收关税是由于自利的动机造成的，但是最关键的是我们真正信奉的是什么。帕斯卡尔说："信念的要件之一是意愿。"尽管如此，如果信念中既包含了意愿又包含了私密的动机，那么这个信念就不再是真实的。

现在让我们对以国内税收负担为前提的谬论进行分析。

一个国家征收税收，既可以起到正面作用，又可以起到负面作用。如果国家所征收的税收是取之于民用之于民的，它就能起到正面作用，当税收取之于民而用之于己的时候其所发挥的足以就是负面的。

首先，认为征税使一国的生产条件比免税国家的生产条件差，这种说法是不对的。虽然我们实实在在地向法院和警察支付了2亿法郎，但是我们从法院和警察那里收获了安全保障并赢得了时间；一个人人自保的国家的生产会更和谐、更兴旺，这是无法想象的。虽然我们花费数亿法郎来修高速公路、架设桥梁、铺设铁路，但是因此我们才有了高速公路、桥梁和铁路，除非这些设施是为了敷衍了事，否则我们的国家不可能比没有这些设施的国家更差。虽然，为了拥有这些公共设施，我们需要缴纳税收，但是如果不这样，就不可能有这些。我们认为这样做是值得的，这也得到了事实的证明。这也同时也是我们该指责对国内产品课轻税，对来自重税负国家的进口商品课征关税的原因。实际上如果税款得到合理运用，重税负国家的状况不仅不会恶化反而会使其生产条件得到改善。于是我们再次看到保护主义不仅违背了真理，而且与真理南辕北辙，已经变成了真理的对立面。

由于国内通过征税带来的收入很少，因此可以忽略不计甚至可以取消。但是最不合理的做法是征税只是为了一己之私而非为了公共目的，事实上，比较合理的做法是改变这种状况！因为国家向我们征收的税收已经太多了，因此"己所不欲勿施于人"，就没有必要对他人横征暴敛。

尽管保护性关税是向进口商品征收的，可是最终还是要转嫁到国内的消费者身上，真正的纳税人是消费者。如果直接告诉他们，那肯定会让人觉得很荒谬："由于你的税收繁重，因此你购买的一切商品价格都提高了；由于征税你的一部分收入交给了国家，还有一部分就应该让垄断者拿走。"

接下来让我们对这个谬论进行深入探讨，尽管这个谬误非常奇怪，但是很多立法者对此都很信奉，他们支持非生产性的税收（这是以该假说为基础推导出来的），而且鱼目混珠，硬生生地将为了保护弱势产业而征收的税收和限制条件与筹集资金方式混在一起，相提并论。

很明显，如果税收是以国家的名义直接征收的，并且以补贴的形式进行分配来保护特定产业，那么无论如何保护主义都不会改旗易帜。

假设在法国的钢铁市场上，外国钢铁以不低于8法郎的价格来出售，法国本国产的钢铁售价不低于12法郎。

依据这个假设条件，为了使法国生产者在国内拥有市场，法国政府有两种方式可以做到。

第一种方式是对进口的外国钢铁征收5法郎的关税。很明显，这等于不让外国钢铁在本国市场立足，因为在这样的情况下，进口的外国钢铁在内市场售价就不能少于13法郎（即8法郎用来保本，5法郎支付税收），而法国产钢铁的售价只有12法郎，那么进口的外国钢铁必定被国产钢铁驱逐出法国市场。如此一来，采取该保护措施的全部成本将由购买者或者说是消费者来承担。

第二种方式是国家向公众征收5法郎的税款，专门对钢铁生产商进行补贴。其实这两种保护措施会产生相同的结果。这种情况下，进口的外国钢铁仍然无法进入法国市场，因为此时法国产钢铁生产因受到政府每单位为5法郎的补贴，其售价就会由原先的12法郎变为7法郎，而外国钢铁的售价为8法郎，很显然，外国钢铁依然无法在此立足。

这两种方式目的一样、结果一样，依我看来只有一样是不同的，即在第一种方式下负担保护成本的只是一部分人，而在第二种方式下，保护成本则由全体纳税人负担。

就我个人而言，我更倾向于用第二种方式。我认为这种方式更公正、更经济、更坦诚：说它更公正，是因为假如一个社会要对一部分人进行补贴的话，那么应该是人人有责；说它更经济，是因为这种方式可以节约若干成本并且可以消除各种限制；最后，说它更坦诚，是因为公众能够非常清楚地看到这种措施的目的。

如果保护主义者真的采纳了第二种方式，那么听到人们这样说我们一定会忍俊不禁："我们的税收负担很重，为了养活军队、法院，建设公共设施、公立学校，偿还国债等，一共有10多亿法郎。为了国家利益，为了救那些可怜的生产商与水火之中、可怜的昂赞公司[1]股东、走背运的林地主人和鳕鱼捕捞者，还要我们再负担10亿法郎。"

如果你进行了周密的思考，那么你就会相信这就是我想方设法要揭露的谬论。先生，你尽管为所欲为吧。如果你不从他人那里拿钱，就不会有钱给这些人；如果你固执己见榨干纳税人，就请你随便吧。但是你千万别认为纳税人是傻瓜，会信你所说的："钱取之于你用之于你。"

该谬论指导下的行为实在是太多了，我在此着重强调其中的三点。

也许你会认为，由于法国税收负担过重，所以有必要对这个或那个产业进行保护。但是不管是实施保护还是不实施保护，我们负担的税收不会减少一分钱。假如一个特定产业的代言人说："由于我们缴纳了税收，致使我们的生产成本提高了，因此我们要求征收保护性关税，以使国外产品与国内产品的价格持平。"这样做根本没有解决什么问题，只不过是将税收负担转移到他国。这样做的实质是以产品价格的提升（总额为该产业的税收）为代价换取产业的复兴。税收收入的最终流向是国库，涨价的最终承担者还是公众，所以这样他们不仅仅负担了自己该承担的税收份额，而且该产业的应纳税额也落到了他们身上。但是此时你会说，这样做使得人人都受到了保护。这种想法是荒谬的，这是不可能的，即使是可能的，补贴优势从哪里来的呢？其最终结果只能是我付给

1　昂赞公司是当时的一家著名的法国公司，以开采法国东北部煤矿为主要业务。——译者注

你、你付给我，而税收终究还是要缴纳的。

如此一来，你就变为空想的牺牲品了。你为了拥有军队、教堂、公立学校、法庭、高速公路等而向公众征税，同时又免除了许多产业的税收，千万百计将这些负担转移到公众身上。假如你能证明保护主义带来的价格上涨是由外国贸易商承担的，也许我还会认为你的观点有一点点合理之处。然而假如一项法律不管在实施前还是在实施后，法国纳税人都需要缴纳税收并承担关税，那么这样的法律是毫无用处的。

紧接着做进一步分析，就会得出如下结论：如果国内产品的税收负担越重，那么就越有必要敞开国门把税负较轻的外国产品引入国内市场。原因何在？因为这样做可以把很大一部分税收负担转嫁给在这些产品身上。在政治经济学中，难道把税收最终落到消费者身上不是毋庸置疑的公理吗？所以，国际贸易扩张的速度越快，国外消费者负担的包含在出口产品中的税收就越多，而按照我们的假设，进口商品所包含的税收比国产商品要少，如此说来，我们所负担的进口商品包含的税收要少很多。

最后，你认为实行保护主义制度课重税的理由是合理的，此时难道你没有想过这些理由是制度本身造成的吗？我很希望有人能明确地告诉我，假如贸易是自由的，那么供养这么多军队干什么……但话说回来，这与我们无关，这是属于政治家的事了。

请大家保持清醒，千万别犯迷糊，这跟我们没有任何关系。

2.无用的铁路

我曾经说过，正如已经发生的不幸那样，只要出发点是生产者单方面的利益，就必然会与整体利益产生矛盾，因为生产者认为，需求就是阻力、愿望和努力三方面综合作用的产物。

在波尔多的新闻报纸上，我看到一篇文章曾对这一观点进行了出色的阐释。

西米尔特[1]提出了下列问题：

从巴黎到西班牙的铁路运输是否应该在波尔多停靠？

他给出的是肯定的答案，并为此列举了多个理由，如下所示：

从巴黎到巴约纳的铁路运输应该在波尔多停靠，因为假如有货物和旅客迫不得已在这个城市滞留的话，就会使这里的船主、搬运工、旅店老板等获得好处。

这再一次向我们展现了生产者的利益是怎样凌驾于消费者利益之

1　即这篇文章的作者。——译者注

上的。

然而，如果波尔多有从铁路运输停靠中获得利益的权利，且这一利益又不与公众的利益相冲突的话，那么昂古莱姆、普外提埃、图尔、奥尔良等，事实上全部的中间城市，包括卢菲克、夏特洛等都应当提出安排停靠的要求，这有利于增进整体利益（事实上是国内产业利益）。因为在沿线停靠得越多，向沿线停靠城市的仓储、搬运工和货车司机支付的金钱就越多。这样一来，我们的铁路运输线路就由沿线各个停靠点构成，也就成了一条无用的铁路。

无论保护主义者给出怎样的解释，无可辩驳的是，限制的基本原则与铁路沿线设置停靠点的道理别无二致，其结果都是生产者受益、消费者受损，异曲同工。

3.名为补贴实则抢劫

这本书给人们的感觉就是理论性太强、学究气太重、太抽象了。那这样吧，让我们从普通的、细微的地方加以分析，假如有必要的话，我也会尽量运用更平民化的行文风格。由于公众们已经坚信了保护主义政策，我始终都把揭示被掩盖的真相作为自己的职责。但是，看来如果不对公众们进行当头棒喝，他们是不会醒悟的，所以，我们必须大声呐喊：

迈尔斯，迈尔斯国王，他拥有一对驴耳朵！

真是一针见血，滔滔不绝的雄辩往往赶不上一席平常的话语所产生的效果。你对奥特龙应有所了解吧，一个不折不扣的愤世嫉俗者真的无法使奥特龙相信自己的所作所为是愚蠢的行为。

愤世嫉俗者：一个人在不经意间就会使自己变得愚蠢至极。

奥特龙：你说这种话是不是想告诉我，我要做的什么事情有些不妥呢？

愤世嫉俗者：我并不是这个意思。

可是……

奥特龙：我写得真的很差劲吗？

愤世嫉俗者：我也不是这个意思。但不管怎么说……

奥特龙：我能不能从我的十四行诗中找到一些可取之处呢？

愤世嫉俗者：坦白说吧，你应该做的是把它藏起来并且遗忘这件事。[1]

坦白地说，亲爱的朋友们，你们遭到了抢劫了。这种说法的确有失冒昧，但是至少可以把事情表达得很清楚。

大部分人看到抢劫、实施抢劫和强盗等与之相似的字眼就会觉得很不舒服。我倒想问问他们，就像阿巴贡问爱丽丝一样："你所恐惧的是这个词还是这件事？"[2]

"不管什么人，只要通过欺骗等手段占有他人的财物就构成了抢劫罪。"（《刑法典》第379条）

实施抢劫的定义为：通过偷窃或暴力占有他人财物。（《法国学术词典》）

强盗：索取的大于应得的。（我定义的）

那么，垄断者们通过自己制定的法律，强迫我以20法郎的价格从他哪里购买在其他地方以15法郎就可以买到的商品，这难道还不算是通过

1　节选自法国戏剧家莫里哀的《愤世嫉俗》中的一幕。——译者注
2　节选自莫里哀的《吝啬鬼》。——译者注

欺诈途径从我这里拿走了5法郎吗？

他们难道不是利用盗窃或暴力手段占有我这5法郎吗？

他们索取的难道不是大于他应得的吗？

他的确拿了；他也的确是这样据为己有的；他的确索取了更多；然而，盗窃或暴力这两个强盗的特征却未必完全符合。

当垄断者从我们缴纳的税收中以补贴的形式拿走5法郎，并据为己有或强行索取时，与盗窃相比，这种行径可谓有过之而无不及，没有被蒙蔽的又有几人呢？对那些未受蒙蔽的人来说，当他们表示拒绝时，门外就会站着法警。这与暴力手段相比，难道不是有过之而无不及吗？

此外，垄断者从来也不必担心自己触犯法律。表面上的目的是补贴或关税，而实质上则是不折不扣的抢劫。与土匪恶霸有什么分别，但他们却不会触犯法律，他们简直就是按照法律的规定进行明抢。事实上这性质更为恶劣，但法官却对此放任自流。

另外，无论愿意与否，从这个角度来讲，我们充当着既是强盗又是被抢劫者的角色。就算是这段文字的作者，也会在买东西时喊"抓贼啊！"但当他对外出售东西时，购买者同样也会向他大喊："抓贼啊！"如果说他和其他人存在不同之处的话，就是在这场游戏中，他得到的远多于他失去的，而其他人对此却一无所知。如果大家都一清二楚的话，这个游戏就不会进行下去，很快就会结束了。

第一个对这一现实做出正确判断的并不是我。以下是亚当·斯密[1]在60多年前就曾经说过的一段话：

就算是为了消遣或娱乐，做同类生意的人也很少聚集在一起。但是当为了谋划怎样对付公众，或者精心策划提高价格时，他们就不由自主地就到一起。[2]

这是否出乎人们的意料，但公众居然对此不以为意？

假定组建了企业家委员会，并召开会议制定一项总体的政策。会议是如何进展的？有什么实质性的结果？都达成了哪些共识？

在这里，对这次会议的片断进行简明扼要的叙述。

某船主甲：我们的海运贸易面临着十分严峻的形势（满腔义愤地喊道）。这也是屡见不鲜的！没有钢铁我们用什么来造船？在世界市场上我找到了售价为10法郎的充足货源，但按照法律，我只能以15法郎的价

1　亚当·斯密（Adam Smith）是英国古典政治经济学的主要代表人物之一。他提出了自由主义经济理论，反对国家干预经济，促进了资本主义经济的发展。《国民财富的性质和原因的研究》（简称《国富论》）一书是斯密最具影响力的著作，这本书对于经济学领域的创立有极大贡献，使经济学成为一门独立的学科。《国富论》一书的重点之一便是自由市场，自由市场表面看似混乱而毫无拘束，实际上却是由一双被称为"看不见的手"（invisible hand 无形之手）所指引，将会引导市场生产出正确的产品数量和种类。但是如果自由竞争受到阻碍，那只"无形的手"就不会把工作做得恰到好处。因而亚当·斯密相信自由贸易，为坚决反对高关税而申辩。事实上他坚决反对政府对商业和自由市场的干涉。他认为这样的干涉几乎总要降低经济效率，最终使公众付出较高的代价。——译者注
2　节选自亚当·斯密的《国富论》，第十章，第二部分。——译者注

格从法国钢铁商那里购买钢铁。我希望可以拥有自主决定到哪里购买钢铁的权利。

某钢铁商：在世界市场上，我应该支付20法郎的运费。按照法律的规定，船主向我索要30法郎，因此，他从我这里拿走了10法郎。这就是说抢走了我的钱，我也从他那里抢了钱，事情原本就是这样的。

某政客：船主所说的话非常不明智。无论在什么情况下，我们都要保持，团结就是力量。即便我们在一个微不足道的问题上对保护主义理论提出质疑，那么，整个理论体系无疑将会顷刻间崩塌。

某船主甲：然而保护主义让我们无法维持生计。我再重申一遍，我们的海运业务面临着灭顶之灾。

某船长：那很容易解决！我们可以将附加税提高，将船主向人们收取的运费从30法郎增加到40法郎就可以高枕无忧了。

某内阁大臣：政府会对附加税这个绝佳的机制加以充分利用，但恐怕即便加征了还是无济于事。

某政府官员：这点小事就把你们难住了。难道除了关税就没有其他好的方法了吗？你们不会把税收给忘了吧？也许消费者并不小气，纳税人也很慷慨。如果向纳税人征收重税，那么船主的要求应该可以得到满足。我建议每使用1公斤的钢铁就从公共财政中向造船厂拨付5法郎。

混杂的声音：支持这个建议！支持这个建议！

某农民：每百公斤小麦给我3法郎补贴！

某纺织厂厂商：每米布给我2法郎补贴！

主席：那么我们已经达成了共识，这次会议的结果就是补贴制度的制定，这将是本次大会卓越的成就。企业怎么会亏损呢？现在我们不是运用了关税和补贴这两种如此简单的手段能够扭转亏损的局面吗？散会。"

在梦中我得到了某种超自然的知觉，因此我可以预感到，或许要实行补贴制度了（又有谁知道呢，谁知道我甚至预先向杜品[1]提到过这个想法？）。就在不久之前我写下了下面的这段文字：

很明显，假如贸易保护主义的实现形式是由国家直接征税，然后再以补贴的形式向特权企业分配并用于赔偿的话，那么，无论是贸易保护主义的实质还是其结果都不会发生丝毫改变。

接下来，在比较了保护性关税和补贴后我继续写道：

我承认，补贴制度是我更加偏爱的。我认为，这个制度更公正、更经济、更诚实。如果社会要对其中一部分成员给予补贴，那么所有人都应该为此分担一点，所以说它更公正；在这种制度下，一大笔征收费用可以节约下来并且许多限制性措施也会得以撤销，所以说它更经济；最后，公众能够清清楚楚地看到整个运作过程，明白这么做的目的，所以说它更诚实。

---

1   杜品，即法国著名作家乔治·桑（1804-1876年），有"法兰西的莎士比亚"之誉，为后世留下了大量书简和政论文章。——译者注

　　让我们对这个名为补贴实为抢劫的制度进行深入的研究，因为目前正是一个对此进行讨论的天赐良机。对于那些名为关税实为掠夺的制度来说，这里所得出的结论也同样适用，尽管后者进行了更巧妙的伪装，但如果对明抢制度有了个清楚的认识，我们将更容易识破暗抢制度。因此，此项研究就由易到难、由简入繁地逐步展开。

　　然而是否存在更直接的掠夺方式呢？没错，车匪路霸就是其中的一种，只要合法化或取得垄断地位，或者有组织进行——这是现在他们的行话——就没问题了。

　　下面的文字是我在一本旅游的相关书籍中看到的一段话：

　　当我们来到某国，这个国家的各行各业没有一个不在抱怨自己所处的境地是多么令人失望。农民悲泣自己的生活有多艰难，制造商们牢骚满腹，商人们在联合抵制，船主怨声一片，政府官员不知所措，不晓得听谁的话才是对的。首先，政府就计划向这些不满的人征收重税，在扣除一部分留作己用之后，在这些人中间将税收收入进行分配，其分配原注就是在西班牙非常流行的抽彩给奖法。假如这个国家的人口为1000，国家从每个人那里都拿走1比索[1]，自己却扣下250比索，把剩下的750比索分为大小不等的份额分给参与者。这些受到尊敬的人得到0.75比索

1　比索（peso）是一种货币单位，主要在前西班牙殖民地国家使用。有的国家过去也曾使用比索作为本国货币的名称，但因为通货膨胀等原因，现在已不再使用。然而在这些国家（如玻利维亚），在日常生活中谈到货物价格时，仍常常使用比索一词。——译者注

时，却不记得自己曾经为此付出的是1比索，他们还欣喜若狂、情不自禁
地来到酒馆消费15雷亚尔[1]。这种情形和法国有些相似。如此一来，尽管
这个国家还没有步入文明社会的大门，可是政府应该不会认为他们的人
们都是如此愚笨，会对这种怪异的保护方式深信不疑，因此就出现了第
二种方案。

这个国家的公路交通四通八达，政府对这些公路进行了细致的丈量
和界定，接着对农民说道："无论你们采用偷盗还是抢夺的方式所取得
的财物，只要在你们的管辖范围之内，都可以作为你们的补贴、你们的
保护、你们的激励。"接下来给每位制造商和船主分配一个可供抢劫的
路段，许可证可以采用如下的格式：

兹授予你在本段路途中进行

偷窃

抢劫

盗取

欺诈

和骗取的权利

不受处罚

事情原本就是如此，如今这个国家的国民对这一制度已经并不陌

1　一种银币，面额小于比索。——译者注

生，他们关心的是自己都偷到了那些东西，而对自己被别人偷走了什么却并不关心，他们只是站在掠夺者的立场上来看待掠夺，以为国家的总体利润就是把个人的掠夺所得加总起来，而且他们还拒绝废除保护制度，因为在他们看来，没有一个国内的产业部门可以做到独当一面。

这是否会让你无法相信？你抗议，然而这并不是不可能的，对于依靠国民之间的相互掠夺来保证国家财富的增长的局面，整个国家上下却感到很满足。

为什么不可以相信呢？这种观点已经被法国全盘接受，并且对于补贴和以保护性关税为名义的相应的掠夺方法，还在进行进一步的设计和完善。

另外，我们不要言过其实。有一点我们还是可以取得共识的，就是从国家筹资的方法及其带来的影响来看，某国的制度也许还不如法国的好，然而我们必须要知道，这些方式的本质和结果之间并不存在很大的差别，这些方式无一例外都是各个产业在法律允许的范围内得到附加利益的掠夺行为。

我们还要知道，假如说车匪路霸这种罪恶行径会让人产生不安的情绪的话，那么相比之下，在关税的名义下进行抢劫的这种方式就显得稍好一些，也文明多了。

例如，很难在生产者之间平均分割所获得的收益，关税同样如此。由于其本质就是样，因此导致某些社会中的阶层，如工匠、商人、文人、军人等根本无法受到保护。

的确，对于补贴式掠夺来说，收益无限细分的问题也同样存在，从这点来看，这似乎与拦路抢劫差不了多少。并且，这种方式也会有一些缺陷，可能会导致荒唐的后果，该国的国民对此也不会感到满意。强盗的所得正是车匪路霸的受害者的所失，至少遭到抢劫的财务仍然在国内。然而，在以补贴为形式的掠夺制度下，从法国通过税收手段征收的所得，通常会补贴给霍屯督人、卡菲尔人或阿尔冈琴人等。

假设一匹布在波尔多的价值为100法郎，不可能亏本出售，也不会有人花更多的钱来购买，由于销售商之间存在着竞争，其价格没有提高的可能性。在这种情况下，如果一个法国想购买一匹布的话，他要么支付100法郎，要么选择放弃。但假如由一个英国人来购买这匹布，政府就会介入其中，并对商人说："你出售这匹布，我会对纳税课征20法郎作为你的补贴。"商人从来没有想过也根本不可能获得比100法郎还多的钱，所以他以80法郎的价格把这匹布出售给英国人。商人在得到了补贴式掠夺的20法郎之后，其所得的数额依然没有变化。所以，其结果就像是纳税人给了英国人20法郎，其实现方式就是英国人从法国人那里买布时打了20法郎的折扣，比我们自己购买时降低了20法郎。所以，补贴式掠夺就具有这样一个特征，强盗遍布世界各地，而受害人却在一个国家集中受到掠夺。

令人百思不得其解的是，人们却依然坚持认为，个人从别人那里盗取的一切财务都能视为总收益，认为这是既定的事实。尽管那种点石成金的白日梦已经远离人们多时，人们也再不会想入非非，然而，以掠夺的方式实现进步的理论依然得到很多人的支持。但是，从事实方面来看，这个理论真是幼稚之极，根本就没有一点可行性。

有人向我们提问："你们支持放任自由的政策？你们是深受斯密或萨伊的旧式学院派影响的经济学家吧？这就是你们为什么会反对产业规划吧？"好吧，先生们，你们就随便对产业做出规划吧。然而，我们要时刻提高警惕，防备你们规划掠夺。

还有其他许多人不断地说："补贴和关税都被肆无忌惮地滥用，必须要把它们进行具体化，防止滥用的发生。对于一个谨慎明智而审时度势的人来说，他所主张的应该是对自由贸易与保护主义进行折中。我们必须慎用绝对原理。"

用西班牙旅游者的话来评论，这种论调就是"车匪路霸"。这个聪明人是这样说的："其本身无所谓好坏之分，要根据实际情况才能做出判断。尽量使事物之间保持均衡，并使政府为维持这样的均衡付出的劳动得到可观的回报，这才是我们需要做的。抢劫行为或许被纵容得过了头，或许没有得到足够的授权。让我们进行仔细的考察、审视，让我们衡量一下每个工人的得与失。那些得不到充足收益的人，我们应该给他们提供可供抢劫的更长的路段，而对那些得到过多收益的人，我们应该对他们实施抢劫的时间长短做出限制。"

　　具有这种想法的人自认为是中庸、谨慎而明智的。最终他们都会位高权重，身居要职。

　　而那些持下列观点的人："让我们消除一切不公正，因为世界上根本就不存在所谓的什么部分公正；让我们联合起来抵制掠夺，因为那种部分掠夺或半掠夺根本也是不存在的。"这些人所传播的观点被认为是异端邪说，他们被认为是令人厌恶的梦想家，在永不停息地重复着相同的事情。其实，人们可以看到，这些都是些通俗易懂的论点。怎么会有人对如此简单的道理信以为真呢？

4.高价格与低价格

在这里向读者说明一下某些评论中对所谓的高价格和低价格产生的误解，我认为是十分必要的。我了解到，初看起来，人们会认为这是些十分深奥的评论，然而问题的关键不在于它们是不是真的很深奥，而在于他们所持的观点是否正确。在我看来，不能说完全正确，但完全可以使一部分人（为数不少的人）产生顾虑，使他们对贸易保护主义的功效深信不疑。

在对支持自由贸易、反对保护主义的原因进行说明时，我们必须要使用以下两个概念进行分析：高价格和低价格。自由贸易站在消费者的立场上支持低价格，而保护主义则站在生产者的立场上支持高价格。还有人从中间立场出发认为："生产者和消费者实际上是同一个人。"所以就很难从法律上确定其目标应该是高价格还是低价格。

在这种两难的境地中，法律唯一所能做的就是让价格自然形成，然而自由放任思想的死敌一定会对此大加反对。他们会全然不顾后果如何，主张用法律的手段进行干预。但不管怎样，坚持通过法律干预的手段形成高价格或低价格的人有责任对干预的依据做出合理的解释，并理应由他们来进行证明其是否成立。因此，这也就意味着直到可以证实相反的情况，自由贸易一贯的优点也就不言而喻了，因为自由贸易认为价格应该自然形成。

然而形势急转直下，支持高价格的人顺利地实施了自己的主张，现在该由赞成自然价格的人来对自然价格的优势做出解释了。有两个名词争论双方都有所提及，因此弄清楚这两个名词的确切含义就显十分必要了。

但是我们必须注意到，两个阵营中的斗士们会因一系列事例而倍感窘迫。

为了提高价格，保护主义者开始征税保护性关税，然而令他们意想不到的是，价格非但没有上升，反而下降了。

为了降低价格，自由贸易者有时成功地将自己的主张付诸实施，不过令他们瞠目结舌的是，价格非但没有下降，反而上升了。

比如，法国为了保护农业，对进口羊毛征收20％的关税，但事与愿违，法国国内羊毛的销售价格随即降到比征收关税之前更低的水平了。

在英国，为了保护消费者的利益，降低并最终取消了羊毛关税，但英国羊毛的销售价格随即提高到比实施关税政策前更高的水平了。

其实这些事件之间并非完全独立、毫不相关，因为一切商品的价格的升降都遵循一般价格规律，羊毛价格也概莫能外。在同等条件下会产生相同的结果。令人意想不到的是，保护性关税在很大程度上会使商品价格回落，而竞争却会导致商品价格上涨。

于是争论进入了混战时期，保护主义者对反对者说："正是我们的制度使你们所承诺的低价格得以实现！"而后者也不会甘拜下风："正是自由贸易实现了你们所夸耀的高价格！"

霍特维利街通过这种方式实现低价格，而在舒瓦瑟尔街实现了高价格？

很明显，这一切一定是出了差错，是一种假象，亟须澄清，而这正是我现在试图要做的。

假定存在两个孤立的国家，每个国家的居民都有100万。假设别的条件都相同，其中一个国家所拥有的一切物品（包括小麦、肉、钢铁、家具、燃料、书籍、衣物等）都是另一个国家的两倍。很明显，一国比另一国要富有一倍。

但是，不能因此就断言说这两个国家所拥有物品的货币价格一定不同，富国的价格水平或许更高。例如在美国，其全部商品的名义价格都高于波兰，但可以肯定的是，美国人在各个方面都比波兰富足。衡量一国是否富裕的标准不是商品的货币价格的高低，而是商品的富裕程度。所以，假如我们把保护主义与自由贸易比较起来，不是看哪一个带来了高价格或低价格，而是看哪一个带来了富足，哪一个导致了匮乏。

因为我们不得不指出，当产品进行交换之后，与产品的货币价格相关的是产品的相对丰裕和相对稀缺度，而不是两个国家居民的富裕程度。

让我们对这一问题进行深入的分析。

增加或减少关税造成的结果通常与人们的设想南辕北辙：实施高关税会导致价格下降；撤销关税往往伴随着价格的上涨。从政治经济学的角度，来解释这种违反常理的现象就显得十分必要。毋庸置疑，如实地描述各种事件并给出正确、合理的解释，这才是实至名归的科学应该做的。

那么，对于我们所讨论的这种情形来说，具有说服力的解释是，导致高价格的原因一定有两个，而不仅仅是一个。

对低价格来说，也是这样的情况。

政治经济学的一个最确凿、不容置疑的规律是，决定商品价格的是商品的供求状况。

因此，有两个因素会对价格造成影响：供给与需求。这两个因素处于不断变化之中，有时发挥着相同的作用，有时发挥着相反的作用。两种情形下都存在很大的不确定性。所以，价格是这两个因素相互作用的综合结果。

供给的减少或需求的增加都可能会导致价格的上涨。

供给的增加或需求的减少都可能会导致价格有所下降。

因此，高价格和低价格都有两种类型。

就高价格来说，较差的一种情形是供给减少型，因为这意味着稀缺和贫困（今年小麦的行情就属于这种类型）；就高价格来说，较好的一种情形是需求增加型，因为这意味着总体福利水平的提高。

同样的道理，由于充分的供给而带来的低价格是人们所希望的，但因消费者生活拮据而需求减少所导致的低价格则是令人痛心疾首的。

现在，让我们好好考察一下保护主义政策造成的后果——较差的高价格和较差的低价格：较差的高价格，因为货物的供给减少了，事实上也是他们公开主张的目标；较差的低价格，因为货物的需求也减少了，这样资本和劳动就会做出非理性的选择，消费者的负担也因为实施税收和限制措施变得更重了。

所以，对价格来说，这两种趋势所产生的影响相互抵消了，这也就是从长期来看，为什么这个同时限制需求和供给的制度，最终不能实现其提高价格的目标的原因。

但对公众的整体福利条件来说，这两种趋势所产生的影响并不能相互抵消，而是共同作用使人们的生活条件不断恶化。

自由贸易则会产生完全相反的结果。其结果或许也未能成功地使价格回落，因为其中同样也存在着两种趋势：一种是人们所希望的由供给增加而带来的价格的下降，即增加了富足的程度；另一种是需求的增加带来的令人愉悦的价格的上涨，比如由于收入水平普遍提高。对货币价格来说，这两种趋势也是相互抵消的，但两者都会对人们的总体生活福利发挥促进作用。

总而言之，实施贸易保护主义政策会使国家陷入衰退的状态，会使供给与需求都疲乏无力。而实施自由贸易制度，会使国家步入繁荣，会使供给和需求都很旺盛，但并不会必然导致货币价格的波动。货币价格并不能作为衡量一国富裕程度的标准，因为无论社会陷入贫困还是高度繁荣，价格都有可能会稳如泰山。

下面的评论或许能一语中的地说明这一观点。

法国南部的农民对于对付秘鲁很有信心，因为他们用关税把外国的竞争者拒之门外。尽管他们还是像约伯[1]一样家徒四壁，但他们坚信在保护主义制度下，他们迟早会变得富有。在这种情况下，假如用欧迪委员会[2]给他们提出这样一个问题："你是否愿意参与国际竞争——愿意还是不愿意？"他的第一反应是："不愿意！"据此，欧迪委员会自豪地宣称他们的观点受到了公众的普遍赞同。

但是，应该更深入地对这件事进行探讨。毫无疑问，外国竞争（事实上是一切竞争）总是让人感到不愉快。如果某个产业部门可以摆脱激烈的竞争，那么在一定时期内，该部门一定会获得丰厚的利润。

然而保护并不是孤立的特权，而是一项制度。如果用来保护农夫

1　约伯，《圣经》中的人物。约伯是上帝的忠实仆人，以虔诚和忍耐著称。——译者注

2　保护国内产业的委员会，巴黎商会主席、议员、法国贵族安东尼·欧迪（1776—1853 年）是其领导人之一。——译者注

的利润，就会造成谷物和肉类的短缺；用来保护其他生产者的利益，就会造成钢铁、布匹、燃料和工具等的稀缺，最终，会造成一切物品的短缺。

如果由于供给的减少而使小麦短缺并由此造成价格上涨的话，那么用于换取小麦的其他全部商品的短缺则会造成对小麦的需求减少，进而使小麦的价格下降，所以从长期来看，小麦价格是否会比自由贸易制度下的价格高出1生丁，还不能确定。但由于整个国家所拥有的商品都减少了，人们能得到的商品总量也不如以前多了，这是确定无疑的。

农民真的该问问自己，只要国民们拥有财富，有能力购买并消费各种农产品的话，从国外进口一些小麦或家畜是否会对自己更有利一些。

假设法国有这么一个地方，人们衣不蔽体、食不果腹，仅仅靠板栗为生，你怎么指望他们能依靠农业发家致富呢？那怎样才能让这里出产可以带来更大回报的商品呢？肉类？他们不吃肉；牛奶？他们只喝水；奶油？在他们眼中太奢侈了；羊毛？他们的需求量少之又少。这是否可以说明，在保护主义影响下，这些消费者的产品价格在上涨的同时，也受到由于人们放弃消费而造成的价格下降的影响呢？

农民的情况对制造业的厂商来说也同样适用。纺织厂商坚信，外国竞争会以增加供给的方式造成价格下降。情况也许如此，但其价格难道不会因为需求的增加而上升吗？难道对布匹的消费数量总是一成不变的吗？难道每个人都买到了自己所需的有能力购买的衣服吗？如果将一切税收和限制措施都取消，人们就会变得更加富有，难道人们在拥有财富之后不是首先用这些钱让自己穿得更好些吗？

问题——永远都存在的问题是，从保护主义政策中获益的是特定的产业部门，还是将各种因素综合考虑之后，保护主义限制性措施理所当然地比自由贸易更富有生产力。

如今，任何人都不会不假思索地就这么认为，否则人们就不会总是说，我们"理论上是正确的"。

如果真实的情况就是这样，如果保护主义的限制性措施是为了某特定产业部门的利益而不惜给社会的整体福利造成更大的损失的话，我们必须指出，货币价格本身反映的是每一特定产业与其他各个产业之间、供给和需求之间的关系；而接下来，实施这样的政策并没有使保护主义目标中的有利价格得到实现，而恰恰相反，这种政策的实施对有利价格的形成来说却是一种阻碍。

5.保护主义能提高工资吗

　　一位无神论者表现出了对宗教、神父和上帝的不满情绪。一个没有什么正宗信仰的人说："你如果继续这样下去的话，我将会被你变成虔诚的信徒。"

　　当时我听说一些幼稚轻率的三流作家、小说家、改革家、矫揉造作的作者们纸醉金迷，他们的公文包塞满了金边债券[1]，或者他们通过发表反对自利主义、个人主义的激烈言论而赚取大量金钱时；当我听说他们公然挑衅我们这个无情的制度、为劳苦大众大声疾呼时；当我看到他们来到天国饱含热泪，为贫困、操劳的群众感到悲悯时（实际上他们从来都不曾遭受贫困，只是出于利益的考虑而进行著书立说时才会有所涉及），我要对他们说："假如你们继续这样做的话，你将会使我将工人的死活置之度外。"

　　天啊，这是多么虚伪啊！这是当代丑态毕露的指责！如果由一个认

1　当时一种很受欢迎的证券。——译者注

真、严谨的人道主义者来描述工人们悲惨的真实生活，假如他的著作可以产生一定的影响力，那么他就会在第一时间遭到一群改革者的攻击。他们煞费苦心、含沙射影、颠倒黑白、哗众取众、为达目的什么样的手段都使得出来。他们总会有抚平一切伤悲的办法，他们总以"协会"、"组织"的名义来为你排除忧愁，解除困难；他们对你万分殷勤、趋炎附势、阿谀奉承，你便如奴隶般陷入被人控制的困境；正直的人不屑于对你的情况进行公开的关注，想想也应该明白，怎么会有人在这个令人反胃的满是谎言的时刻给你提供什么合理建议呢？

　　"事不关己，己不劳心"，这是一种懦弱的、有失正义的态度，对此我并不赞同，即使是装腔作势地提及也要好过于这种态度。

　　工人们啊，你们可知自己的处境是多么诡异！你们正在遭受别人的盘剥，至于这种盘剥是如何进行的，请听我稍候徐徐诉说……不，我改变主意了。不能在我们的言语中出现过激的表述，这可能引起歧义，没错，"盘剥"一词就很容易引起误解，被作为指认谬论的托词，这样一来，就使人们反对盘剥者的信念受到了动摇，于是对于盘剥就会听之任之了。但最终你的劳动果实还是被别人占有了，你也不会得到公正的对待。哦，如果大吵大闹后获得的那点安抚、那张空头支票、那点嗟来之食就能让你满足；如果那些"组织""共同体"的幌子就可以震慑住你，那么你的这点小小的要求将会得到很大的满足。但并不会有人想要给你那种完完全全的公正。然而你得到了不公正的待遇，在长年累月地获得微薄的薪水之后，这点微薄收入又怎能满足你如此之多的需求呢？

也许某一天，我会告诉你协会、组织的本质，可以理解你早已被那些让你满怀希望的空头支票弄得昏头昏脑了。

同时，让我们看看人们是否制定了对你不公的法律，不仅规定你该向谁购买诸如面包、肉类、衣物和羊绒之类的商品，而且规定了你需要支付的费用。

这与保护主义政策不是如出一辙吗？它的确提高了你所购买的任何一件商品的价格，在这一点上这对你是不利的，但保护主义不也相应地使你的工资有所增加吗？

决定工资高低的因素到底是什么呢？

有位工人给出了非常简洁的答案：当两个工人同时在一个老板那里竞聘时，工资水平就会下降；当两个老板争抢一个工人时，工资就会上升。

为了简单起见，我用学术（但可能不易于理解）的语言表述一遍：工资的高低取决于劳动的供求状况。

那么，是什么决定了劳动的供给呢？

是市场中工人的数量，这点保护主义是无能为力的。

又是什么决定了劳动的需求呢？

是国内可供投资的资本数量。不过资本的数量是否会由于保护主义"人们不应该购买国外产品，全部产品都应该由本国生产"的主张而有所增加呢？根本不会。资本或许会因为这个主张在不同的产业之间进行转移，但不会给可供投资的资本数量带来丝毫的增加。所以，保护主义不能使劳动的需求获得增加。

人们会对某个产业引以为傲。难道使该产业得以创办的资本及整个产业的建立都是从天而降的吗？当然不是，农业、水运或白酒制造业都是这些资本的来源。这也就解释了为什么征收保护性关税，有更多的工人会聚集在我们的开采业、工业城市的市郊，而港口的水手、田间劳作的农民和葡萄种植户会减少。

对于这个问题，我要进行详细论述，但我还是希望通过例子来说明。

某农夫拥有一个农场，占地1.2万平方米，他的投资是10000法郎。他将土地分为四块，并依照下列顺序轮流进行耕种：最初是玉米，第二是小麦，第三是苜蓿，第四是黑麦。他和家人的需求只是农场产出的一部分谷物、肉类和奶制品，剩下的部分拿去出售后用于购买油、亚麻、白酒等日常用品。每年的资本都用于支付工资和从邻近农场雇用的临时工报酬。这项投资来自他的销售，资本每年都不断增长，农夫清楚地知道，如果不把钱投入生产就不会有什么价值，每年的剩余可用于建造篱笆、平整土地、改善农业设施和农舍，提高工人的报酬。他甚至在附近的银行有了一笔存款，然而银行并不会任凭这些钱闲置在金库里，而是借给创业的船主和企业家，所以这部分钱陆续也会以工资的形式支付出去。

没过多久，农夫死了，他的儿子继承遗产，他对自己说："坦白地讲，我父亲一生都无所作为。他从普罗旺斯[1]购买橄榄油，将钱拱手相让，我自己也完全有能力开辟一小块田地用来种植橄榄树。他从布列塔尼、梅多克和海耶尔岛[2]购买亚麻、白酒和橙子，同样将钱拱手相让，而无论如何，亚麻、葡萄和橙树都能够在自己农场里种植。他又让磨坊主和织工从我妈这里赚到了钱，事实上织布、磨小麦粉完全可以由我们的仆人来完成。他把自己给毁了，而且，还把原本可以由自己人赚取的工资拱手相让给外人。"

在这种思想的驱使下，这个鲁莽的年轻人改变了农场的轮种制度。他把土地分成20块，在第一块上种植橄榄树，在第二块上种植桑树，在第三块上种植亚麻，在第四块上种植葡萄，在第五块上种植小麦……。如此一来，他过上了自给自足的生活，并使自己彻底摆脱了对他人的依赖。他不再从货物的一般流通中获取任何物品，他的任何东西也都不再进入货物流通领域。通过这种做法他是否就会变得更富有呢？答案是没有，原因在于他的土地根本不适合葡萄的生长，气候条件也不利于橄榄树的种植，更何况，长期来看，其父亲通过交换而得到的家庭所需物品

1　普罗旺斯是法国东南部的一个地区，毗邻地中海，和意大利接壤。——译者注
2　梅多克位于法国西南纪龙德河畔，是一个典型的农业区；海耶尔岛地处地中海沿岸，毗邻普罗旺斯。——译者注

的供给比这种做法要充足得多。

而雇员所付出的劳动并没有丝毫增加。准确地说,他们需要耕种的地块数量是之前的五倍,但每一地块的面积却是以前的1/5。农场种植了橄榄树就使种植小麦的面积相应地减少了。农民不再从别处购买亚麻,但也没有了可供出售的黑麦。而且,支付的工资不超过他的资本,这些资本在新的作物轮种制度下不但没有增加,反而减少了。在复杂的新种植制度下,很大一部分资本被用来建造房屋和购置所需的生产器具。这样做的结果就是,在劳动的供给未发生改变的情况下,可用于发工资的资金却减少了,于是工资的下降就是不可避免的了。

这就是一个国家构筑关税壁垒、自给自足的结局,当然这只是一个小小的缩影。如果产业的种类有了成倍的增加,那么它的重要性就会有所降低。这就意味着,一个多种产业并举的体系会变得更加复杂,其结果并不是更多的产出,反之亦然。原因在于一定量的资本和劳动所需要克服的困难增加了,很大一部分流通资本(工资基金的构成部分)就必须转变为固定资本,不管工作情况发生什么变化,剩余的部分的总额没有增长。如同水一样,要想保持充足,就必须积蓄在池塘、水库等蓄水设施中,倘若覆盖了更多的土地、日晒的面积过大,就会有更多的水会被吸收、蒸发,进而流失掉。

既定数量的资本和劳动的生产力与遇到的阻力之间呈反比例关系。毫无疑问,与气候、温度等因素相比,资本在国际间流动所遇到的壁垒阻力可谓有过之而无不及，最终都会使产出减少，也就是说，结果是减少了用于满足消费者的产品。那么，如果用于满足人们需求的商品的总供给减少了，又怎么会使工人的报酬增加呢？如果真的增加了，就只能假定财富不仅随着生产总量的减少而减少，还因（他们所谓的）工人报酬的增加而进一步减少。这种情况是不可能存在的，也是不足为信的，有充足的证据和理由来驳斥这种工人工资随之增加的谬论。

6.财产与法律

我的同胞们对我充满信心，所以赋予了我议员的头衔。

如果我也像卢梭那样理解这个头衔的含义，那我一定会拒绝接受这种荣幸。

他说，"无论是谁，如果有足够的胆量许诺创建一个国家"，那他肯定觉得"自己具有改造人性的能力，换言之，要把每个就其自身而言完美无缺、作为一个独立的整体而存在的个人，改造成一个从属于一个更大整体的微小的组成部分，个人由此而获得生命并得以存在，要改造人的肉体结构，使其更加强壮……如果现在很少看见伟大的君主，那么，伟大的立法者就更罕见。君主只是在遵从他人已创立的规制行事，而后者才是造物主，这台机器是他发明创造的，前者只不过是负责启动和关闭这台机器的操纵者。"

卢梭相信，社会是由人创造出的一件物品，所以法律和立法者的地位是极其崇高的。他认为立法者和普通人之间存在着一条永远无法逾越的鸿沟，在他看来，法律不仅应该改造人，还应该创造或者消灭财产。

而对我来说，社会、人、财产都是先于法律而存在的，特别是财产。我必须澄清的一点是，并不是先有了法律才有财产，反之，是因为有了财产才有了法律。

这两种认识之间的对立包含着重大意义。因为我们一直不肯正视由此而得出的结论，所以，我希望大家给我个机会，让我更为准确地说明这一点。我首先要声明的就是，我在这里使用的"财产"一词，仅是指它的一般含义，并不包括其特定的含义，即土地财产。但是，让我或许还有许多经济学家同样感到遗憾的是，这个词经常会让我们不自觉地联想到土地占有。而我对财产的理解，是指劳动者对他的劳动创造的价值所拥有的权利。

如果所有人都能接受我对这个词的理解，那么，我想问一下大家，在你们看来，是法律把这种权利创造出来的吗，还是恰巧相反？法律根本没有创造它，它是先于并高于法律而存在的；是否有了法律的存在，财产权利才会出现？或者恰恰相反，财产权利先于法律存在这是一个搬不倒的事实，法律的出现也是由这种权利导致的。如果实情是第一种，那么，组织、完善财产权就是立法者的职责。只要他觉得对社会有益，甚至可以取缔财产权；而如果第二种说法有道理，那么，立法者的权限就仅限于维护和保障财产权利。

在现代最伟大的思想家拿麦莱（Lamennais）[1]起草的一份宪法草案的前言中，我们看到了这样的句子：

"法国人民宣布：他们已经认识到了，权利和责任先于并高于所有成文的法律，并且不依赖于这些法律而存在。"

"这些权利和责任直接源来源于上帝，它们构成了三条信念，我们可用几个神圣的单词来表达，那就是：自由、平等和博爱。"

对这些话我感到有点疑惑——为什么他没把财产权包括在内呢？这种权利也是源自于上帝呀，它也先于法律呀，为什么会成为法律存在的根源所在呢？

不像一些人所想的那样，这个问题既没有理论性也没有价值。恰恰相反，这其实是个重大的、根本性的问题，同时也是当前社会最迫切需要解决的问题。我希望大家在看完我对有关财产、法律的起源的两种思想体系及其后果的比较后，能够发自内心地相信这一点。

经济学家相信，财产和人的存在一样，都是上天的旨意。法律不可能赐予一个人生命，同样，它也不可能带来财产。财产是人性的必然结果。

从这个词的完整意义上说，因为人生来就具有一些需求，只有满足了这些需求他的生命才能得以维系，所以，人生来就是一个所有者。人

1　拿麦莱（1782—1854 年），法国哲学家，天主教司铎，改革家，工人阶级的忠实捍卫者，力图将天主教理论与自由主义相结合。——译者注

生来就具有各种器官和官能，而要这些器官和官能得以正常运转，同样也要满足他们的各种需求。官能不过是人的延伸而已，而财产无非是人的官能的延伸而已。如果硬要把一个人与他的官能分离，最后只会害死这个人；如果把一个人与他的官能所创造的产品分开，这个人也同样会死亡。

有这样一些政治理论家，他们热衷于探究上帝当初应当如何造人。而我们研究的，则仅限于上帝事实上是如何造人的。我们注意到，对于人来说，如果他们的某些需求得不到满足，他们就无法在这个世界上生存；他如果不劳动，不去创造价值，他就得不到满足自己的需求的那些东西；如果他不能确信可以用自己的劳动果实来满足自己的需求，那他就一定不会主动积极地去劳动。

基于此，我们才相信，财产就是这样神圣地形成的，人们制定法律的目的就是保护或保障其财产。

世界上先有财产而后才有法律，这一点是不可改变的，就连尚没有法律或者最起码尚没有产生成文法的野蛮人，他们也必定承认这样一个事实。如果一个野蛮人付出大量的劳动为自己建造了一间小草房，那么他对这间房子的占有权或所有权是毋庸置疑的。另一位更强壮的野蛮人也可以抢走他的这间小草房，但整个部落会因此而产生战争是不可避免的。而正是这种暴力的滥用，促成人们达成了了协作、共同协议和法律，试图通过公共警察的暴力手段来保护个人的财产。所以，法律天生就是为了保护财产而存在的，而并不是像有些人说的，法律是先于财产出现的。

我们说，动物之间也是承认财产原则的。燕子辛辛苦苦地自己建造巢穴去养育自己的后代，植物也是通过吸收营养和占有特定区域内的土壤、空气、盐分等一些东西才能生长发育。如果它们吸收、占用的过程被打断，那它们就会枯萎、凋零直至死亡。

人同动植物一样，也要占用某些东西才能生存、发育、成长。占用是一种自然的现象，对于生命而言是天赐的，是根本性的；占有的正当性是由人类辛勤劳动所赋予的。如果劳动使某些以前不能利用、不能占有的物质可以被利用、被占有，那么，我就不明白了，为什么有些人要声称这种正当占有的目的是造福他人，而不是为付出劳动的本人带来好处。

法律的产生正是为了回应这些基本的事实，回应人性的必然。生命和自我发展的欲望引诱人们弱肉强食，这侵犯了弱者对自己劳动成果的所有权。于是，大家纷纷同意，将社会上的所有人的力量集聚起来，用来防止和镇压此类暴力侵害行径。因此，法律的职责就是保护财产权利。人们所达成的协议创造出的不是财产，而是法律。

现在，我们来探究一下相反的理论体系的根源。

我们过去的所有宪法都宣布，财产是神圣不可侵犯的。这一事实似乎在告诉我们，社会组织的目标就是能让私人社团或个体通过自己的劳动自由地发展。这也说明一点，财产先于法律而存在，一直以来，法律唯一的目的就是保护财产。

然而，我想知道，我们的宪法中是否真有这样的规定，换句话说，这是不是一个虚伪得不能再虚伪的一句话，是一个形同虚设的规定。最重要的是，我们社会信念是不是就是以这一条为基础来构成的。

如果像有些人说的那样，文学的确是社会的某种反映，那么，我们就不能不对上面所说这一点有所怀疑；因为那些政治理论家们谦恭地赞美过财产原则后，又开始深情地呼唤法律的干预。他们这样做的真正目的不是要求法律保护财产权利，而是要求法律管理、矫正、削弱、改造甚至均分财产、信用与劳动。

于是，大多数人就认为，法律拥有对于人身和财产的绝对权力，这样一来，这种权力也同样为立法者所拥有。

这点也许让我们很难接受，但我们却不应对此感到惊讶。

从拉丁和罗马时代开始，我们就已经抛弃了我们关于这些事情的看法，甚至是权利的基本。

虽然，我没有研究过法律，但是我也知道，我们的理论的源头是罗马法，可惜的是，我们把它们当中一些错误的东西当成了正确的。罗马人必然会把财产看成是某种纯属约定的东西，即成文法的某种产物，或是某种人为创造出的东西。很明显，他们不会像政治经济学家一样去追溯人的本性，也不可能察觉人的需求、官能、劳动与财产之间所存在的关系和必然的联系。如果他们这样做，那就太荒唐了；这对他们来讲等于自杀。因为当时，他们靠掠夺为生，他们通过掠夺获得财产，他们生活方式的基础是奴隶制，所以他们不可能有那种认识。如果他们把财产的真正权利来自自己的劳动这一观念贯彻到立法活动中，一定会动摇他们的社会根基。不，他们不会这样想，也没办法这样想。他们不得不满足于对财产下一个纯粹经验的定义——"使用和滥用的权利"——这个定义仅仅是指出了一个效果而并没有说明其中的理由或是根源。因为，他们对这一事实只能假装看不见。

众所周知，19世纪的法律科学仍然是以古代阐明奴隶制合法性的诸原则为基础的。这让人感到悲哀，但却觉得很好理解，因为在法国，法律学说被某些人垄断着，而进步被垄断排斥着。

的确，法学家不能创造一切公众舆论，但我们得承认，目前法国的年轻人却能很轻松地接受法学家们关于这些问题的错误观念。这是法国的大学和神学教育起主导作用的结果，因为在我们人生最美好的10年中，这种教育为我们营造的并使我们深陷其中的就是渗透着罗马社会的战争和奴隶制精神的氛围。

所以，当我们看到这样的景象——18世纪的人们在重复罗马人认为财产问题就是关于习俗和法律制度的问题这一观念时，我们就不觉得惊讶了；因为，在他们看来，法律根本不是财产的逻辑结果，恰恰相反，财产是法律的逻辑结果。大家都知道，对于卢梭来说，财产甚至整个社会，都是某种契约、某种发明的结果，是立法者精神的某种产物。

"社会秩序是一种所有东西赖以为基础的神圣的正当性。"然而，这种正当性却不是自然形成的，它是根据约定确立的。

可见，让其他所有东西赖以为基础的正当性，纯粹是约定性的。因此，作为次一级正当性的财产，也具有约定性，而并非源于自然。

罗伯斯庇尔完全继承了卢梭的衣钵。这位门徒关于财产问题说的每一句话，我们都可以在其导师的理论甚至诡辩中看到。

"公民们，首先，我要向你们提出几个想法，目的就是让我们的财产理论完善起来。你们千万别被这个想法吓到。不要害怕，你们这帮只知道崇拜金钱的肮脏灵魂，我并不是要把你们的财富弄到我手里，毕竟，这些财富既肮脏又堕落……相反，我宁可出生在法布里修斯（Gains lucinus Fabricius）[1]的草屋中，也不愿出生在卢卡拉斯（Lucullus）[2]的宫殿中。"等等。

这里我们要注意，如果一个人在阐述他对财产概念的理解的时候，把这个词和富裕划上等号，那很糟糕；如果他把财产等同于通过不正当手段获得的财富，那就是非理性的、危险的。法布里修斯的棚屋和卢卡

1　法布里修斯（Fabricius），古罗马著名的将军和和执政官，为人诚实正直。他以清廉著称于世，一生没有积蓄，就连他死后，女儿出嫁的嫁妆都不得不由国家来提供。——译者注

2　卢卡拉斯（Lucullus，约公元前110—公元前56年）罗马大将，曾任财政官、行政长官等，因其住宅的豪华、宴会的华美而闻名。——译者注

拉斯的豪宅一样，都是一种财产。不过，我请读者注意下面一段话，这段话就可以概括这种思想体系：

"想要捍卫自由——人类最基本的需求，最神圣的自然权利，我们完全可以准确地说，自由，就是对其他人权利的限制。那么，为什么你们不把这一原则运用于社会创造出来的财产？就好像在说，永恒的自然法则比人的约定俗成更没有神圣性。"

在给出了这么一番导言式的评论后，罗伯斯庇尔开始阐明自己的原则：

"第一条：财产权是每个公民享有和支配法律为他提供的那一份物品的权利。"

"第二条：财产权跟所有其他权利一样，要被限制在尊重他人权利的范围内。"

于是，罗伯斯庇尔就这样把自由和财产阐述为对立的两截。事实上，自由权和财产权的来源大相径庭：一个来源于自然，另一个则是社会创造出来的；第一种是自然的，而第二种则是约定俗成的。罗伯斯庇尔对这两种权利施加了同样的限制，这样，人们必然会觉得，这两种权利的起源其实是相同的。不管我们讨论的是财产还是自由，都得尊重他人的权利这一点毋庸置疑。而在他看来，这种尊重不会摧毁或削弱该权利，反而是把该权利强化了。恰恰是因为财产和自由都是先于法律而存在的权利，所以，只有以尊重他人同样的权利为前提，这两者才能共存，于是，法律的职责就变成了确保人们遵守这种虚无缥缈的约束，而这正好就意味着承认和支持这种原则。

不论何时，我们都可以确定一点，罗伯斯庇尔认为财产是社会创造的，是约定俗成的，这是在完全照搬卢梭的说法。他们根本没有把财产与其真正的合法性来源——劳动联系在一起。他说，财产权就是行使法律赋予他的那部分物品的权利。

正是由于卢梭和罗伯斯庇尔的鼓吹，罗马人的财产观念才渗透到了我们的思想当中。对此，我无需多言。我们知道，布朗基《论革命》第一卷就充满了对日内瓦哲学家和国民公会领袖的狂热歌颂。

于是，社会创造了财产权，财产权是立法者的某种发明创造，是法律的产物，总之，财产权是自然状态下的人所不知晓的。这一观念，通过古典思想研究、通过法律学说、通过18世纪政客们、通过1793年的大革命、通过有计划的社会秩序的现代吹捧者，从古罗马一路传播到了我们这里。

现在，我们来分析一下我在上面提到的两种思想体系的后果。首先要分析的就是财产源于法律这种思想体系的后果。

第一个后果就是为乌托邦空想家开辟了最广阔的想象空间。

这样的后果我们很容易就能看到。一旦我们从原则上承认，法律是先于财产存在的，那么，梦想家的脑子里可以幻想出多少种法律，就可以出现多少种组织管理劳动的方式。一旦我们从原则上承认，立法者的使命就是用他自己喜欢的方式去管理、组合、构造人和财产，那么，他们就可以想象出无数种管理、组合、构造人和财产的方式。这样一来，光是在巴黎，安排劳动的设想就可以多达几百种，安排信用也同样有几百种方案。这些方案之间彼此对立冲突，这一点我们是不用怀疑的，可它们的背后却都有一个共同的思想基础：法律创造了财产权利，而立法者则是绝对的主宰，劳动者和他的全部劳动成果都应由其支配。

第二个后果唤醒了所有这些梦想家对权力的渴望。如果这样假设，我构想出了一种相当不错的组织管理劳动的制度，而且我假设，每个普通人的手里都掌握着主动权，那么，我要做的就是阐明这种制度，然后等着人们觉悟之后采用它；然而，据我所知，在我现在考察的这种思想体系中，主动权只掌握在立法者手里。诚如卢梭所说，"立法者应该强大到足以改造人性"。因此，成为一位立法者就是我所要奋斗的目标，只有达到这一目标才能把我发明创造出来的某种社会秩序强加于人类。

关于这一点，国民议会内[1]最近的活动为我们展示了一幅最怪诞的场景。现在已经是19世纪中叶了，就在二月革命（这场革命正是打着自由的旗号）[2]刚刚结束几天后，我们却听到这样一件事，有个人；一位比内阁部长更高级的官员、临时政府的成员，一位被授予革命的无限权力的

1　原文为 the Luxembourg，指法国国民议会所在地。——译者注
2　1848 年 2 月 22 日爆发于法国巴黎的推翻七月王朝、建立第二共和国的革命。——译者注

政府官员非常冷静地提出一个问题：是让那些有力气、有才能、勤劳出众的劳动者获得更高的工资，换句话说，获得他自己所生产的财富好一些，还是不管本人是否努力，也不管其劳动的成果多少，从此以后，给每个人统一发放工资，更好一些？这就相当于这种情况：一位勤劳的工人向市场提供两尺布，一个懒汉向市场提供了一尺布，现在却要求他们得到同样的收入。而这个人在经过一番论证之后，大言不惭地说出了自己的想法：他更倾向于不管各人生产的可供出售的产品的数量和质量如何，都统一发放工资。这也就是在说，在他的思想中，两个人生来就是两个人，可是，法律却把他们变成了一个人。

于是，我们就明白了，为什么在有些人眼里，法律要比自然更强大。

那些听他讲话的人士显然都明白，这种恣意妄为直接背离了人性，生产了一尺布的人怎么能得到两尺布的报酬呢？如果允许这种现象存在，那么，真正的竞争就不会存在了，取而代之的是比其更恶劣千百倍的另一种形式的竞争：每个劳动者都会想尽办法偷懒，都想成为付出最少的人，反正，有法律给做主，干多干少都会得到同样的报酬。

然而，公民们，布朗基先生已经预料到了我们会这样反驳他，所以，他想出了这样一个办法：为了防止人性中这种偷懒的天性，也就是如果不给报酬他们就不干活的思想作怪，他为人们设计了一个布告牌，如果有谁在工作中偷懒，那么他们的名字就会被写在上面。不过他却没有说清楚，在那里，是否也有侦察人员专门侦察谁在偷懒，这些偷懒的人是否要由法庭来审判，是否应该得有警察来执行这种判决。而我们一直以为，乌托邦空想家根本就不想搞什么可以让法律机制运转起来的庞大政府机构。

不过，国民议会的议员们看起来有点半信半疑，于是，公民布朗基的秘书维达尔（Vidal）[1]马上跑上来，为他的导师的思想大声喝彩。公民维达尔紧跟卢梭，提出了改造人性，改变上帝的法则的建议。

上帝赐予每个人特定的才能、特定的需要，也因此带来特定的后果，自私自利便是由此产生的，换言之，自我维持生存和自我发展的欲望形成了人类伟大的推动力。然而，维达尔先生却想改变这一切。他详尽地考察了上帝的工作，然后觉得，上帝干得真是不怎么样。于是，他准备从法律和立法者无所不能的原则出发，用政令抑制人的自私的心，并让荣誉的法令来取代它。于是，人们为了生存和发展，为了养活家人，必须要做的不再是工作而是保持他们的荣誉，确保自己不能站在错误的立场上，在他看来，这种新的动机不属于另一种类型的自私。

1　维达尔（Franeois Vidal，1814—1872 年），记者，政客，经济学者。编辑了多份报纸杂志，是政府干预劳资关系的积极鼓吹者。1848 年革命后，布朗基请他出任自己所在的劳动组织委员会秘书。后来积极投身于反对路易·波拿巴的政治斗争中。他最著名的著作是 *De la repartition de richesses ou De la justice distributive en economie sociale*（1846），书中批评性考察了当时的各种经济学说。——译者注

维达尔先生不断地告诫人民，要忠于军队所奉行的那一套荣誉法令。然而，我们还是想请他把全部的事实真相讲给我们，如果他的计划就是把劳动者按军队进行编制，那么，请他说说，届时，规定了30种死罪的军法，能否可以成为约束大家的法令？

我在这里严厉批驳的这种有害的原则会产生一个的更可怕的后果，那就是不确定性。它就像达摩克利斯之剑[1]一样，始终高悬在劳动、资本、商业、工业的头上，其后果之严重不可想象。我想请读者认真地对待这一点。

在美国这样的国家里，财产权被置于法律之上。在这里，公共警察唯一的职责就是保护这种自然的权利。每个人都可以满怀信心地把他的资本和劳动投入到生产活动中去，而不用担心，朝令夕改的立法活动会打乱他们的计划。反之，如果我们遵循财产的基础是法律而非劳动的原则，如果我们允许乌托邦空想家通过法令，以某种普遍的方式，把他们的纲领强加给我们，那么，我们就应该明白一件事：大自然深植于人的心灵中的远见和审慎，已经成了经济的繁荣绊脚石。

因为，在这样的地方，不管什么时候，根本没有人敢创办工厂或投资开办企业。昨天下达的法令说，他只能在固定的时间内工作，可今

───────────────

1　达摩克利斯之剑的说法出自希腊故事：狄奥尼修斯国王请他的大臣达摩克利斯赴宴，让他坐在只用一根马鬃悬挂的宝剑下面，以此告谕他，权利是与风险并存的，享受权利的同时也必须承担相应的风险。后来，达摩克利斯之剑的意义被引申为安逸背后时刻潜藏着危机。——译者注

天新的法令又说，某类工人的工资应该固定不变。如此一来，谁知道明天、后天、大后天又会搞出什么新花样呢。一旦立法者处于这种无可匹敌、至高无上的地位，且发自内心地相信，他可以安排人们的时间、劳动、交易以及他们的一切财产，那么，全国上下就没有一个人能知道，明天，法律将把他强制安排在什么位置上，派给他什么样的工作岗位。在这种情形下，没有人愿意工作。

我不想否认的一点是：很多，甚至可以说大多数这一错误原则所导致的思想体系，它们的出发点都是仁慈、善良的。但是，这一原则本身却是错误的。乍一看，每个方案的目的，都是想实现财富的平均化，可这个原则最可能导致的结果，却是让所有人一样贫穷；让勤劳致富的人沦入穷人的行列，让穷人在饥寒交迫中成批成批地死亡。

我承认，一想到这种危险的原则可能会使我们国家的财政困境越发严重，我就不能不对我们国家的前途充满担忧。

2月24日，政府发表了预算，宣布法国的财政已经入不敷出。除此之外，现任财政部长还对外宣布，还有10亿法郎的债务也马上就到偿付期了。

在这种严酷的局面下，收入仍在持续下降，而开支仍在不断增长。

这还不是问题的全部。我们的国家就要被政府的两个理想拖垮了。这两个理想都是无底洞。按照头一个理想，国家用公共资金慷慨地建立了大量耗资巨大的机构。按照第二个理想，所有的税收都在不断地减少。于是，一方面，收容所、托儿所、国立工厂、免费中、小学、企业退休养老金等机构正在大量繁殖，国家准备把赔偿金支付给奴隶主，也准备把损害费支付给奴隶，国家正在计划创建信贷机构，向工人出借生产资料，把陆军的规模翻上一番，重建海军，等等；而另一方面，国家却取消了盐税、通行税还有最不受欢迎的消费税。

当然，不管我们如何看待法国的财源，我们都得承认，要想同时满足这么巨大而又互相冲突的双重目标的需要，就一定要培养这些财源。

我也可以这样认为，要想完成这些超出人能力之外的、异常艰巨的目标，就必须把国家所有的力量都引导投入到生产活动中去。可是，恰恰就在这个时候，我们的耳边却出现了一种不和谐之音：法律创造了财产。据此，立法者就可以按照自己的意愿，随意颁布法令，而如果照此行事，必将会打乱所有企业的计划。创造了某件东西或某种价值的劳动者之所以能成为该物品或价值的所有者，不是因为他的劳动而是因为法律的授权。也许法律明天就会取消这种授权，那么，所有权就不再是合法正当的了。

你能想象这会引发什么后果吗？资本和劳动每天都提心吊胆，它们已经没有多余的力气再去为明天着想了。在这种学说的冲击下，资本必然会隐藏、流失，甚至被摧毁。如果农业生产停止了，人们就吃不上更好的食品；如果没有人愿意创办工厂，人们就穿不上更好的衣服；如果资本都不存在了，人们就不会有更多的就业机会。

同样，国家就没有税收来源；国家就没办法充实国库；国家就无力偿还债务；国家就不能添置生产工具；国家就没有任何财源可以支撑你用法令轻易地创办起这些大型机构。

我们还是不要再继续进行这些令人郁闷的思考了。我将继续考察与今天流行的原则相悖的那种经济学家的原则，这种原则正确地指出，财产来自于劳动而不是法律。这种原则认为，世界上先有财产后有法律；法律唯一的职责就是维护财产，不管它的存在形式是什么，不管它是如何形成的，也不管劳动者是怎样把它生产出来的；是自己生产出来的，还是和别人联手、共同创造的，只要他也尊重他人的权利就可以了。

经济学家们对财产原则的理解还包括一致性原则。我们已经在上述文字中看到，如果是立法者创造了财产权，那么，乌托邦空想家的脑海里有多少种想法，就会存在多少种财产权模式。换句话说，财产权模式是数之不尽的。反之，如果财产是上帝赐予人类的，先于一切人类立法活动，而人制定法律只不过是为了保护它，那么，其他的财产权制度根本就不可能再存在。

经济学家的财产原则还包括更安全、更有保障的含义。摆在这里的种种证据已经表明，如果每个人都发自内心地承认，每个人都有义务维持自己的生存，每个人都有权利享受自己的劳动果实，这种权利比法律来得早，比法律地位更高。如果人类法律的存在和介入，仅仅是为了保障人们付出劳动、并拥有其劳动果实的自由，那么，法律就可以为所有勤奋努力的人的未来提供保障。我们不用再去担心，立法机构颁布的一道又一道的法令抑制了人们的努力，打乱了人们的计划，妨碍了人们的远见。资本会在这种力量的保护下被迅速地创造出来，而资本的迅速积累是劳动价值增加的唯一推动力。于是，劳动阶层的状况也会得到改善，他们会与他人合作创造出新的资本来。他们甚至可以从工薪阶层，转变成投资者，投资企业，甚至创办企业，从而重获尊严。

最后，国家不应充当生产者的角色，它要做的是为生产者提供安全保障。这一原则是永恒的，也必然有利于节约公共支出，并保证其运行井然有序；只有根据这一原则，才会实现社会的繁荣发展，并公平地分担税负。

无论什么时候，我们都要记住，实际上，国家创造不出任何财富。如果它不从劳动者那里拿走某些财富，就会一无所有。因此，如果每一件事情都要它去干预，那就等于是让它用自己机构的糟糕的且要付出高昂代价的活动，去取代私人活动。如果像在美国那样，大多数的人都认识到，国家的职责就是为所有人提供充分的安全保障。那么，国家就可以仅耗费几千万法郎完美地履行这一职责。利用这种节约措施，再加上工业的繁荣，实现单一税制，即只对形形色色的财产征税，就变得极为可行。

最后，我想就自由贸易协会¹说几句话。协会因为采用了这个名字而遭到了批评。反对者和支持者都觉得用这个词是个失误；不同的是，反对者们因这个失误而兴高采烈，而支持者因为这个失误而垂头丧气。

"为什么要传播恐慌？"自由贸易的支持者说，"为什么要把某个原则归于你的名下？为什么不将自己的职责局限在对进口税进行明智而稳妥的改革这一范围内？这种进口税已经到了不得不改的地步，而我们已经有了可以支持改革的有利证据。"

能告诉我这是为什么吗？因为在我看来，自由贸易从来就不仅是进口税的问题，而是权利的问题、公正的问题、公共秩序的问题还有财产权的问题。

我们的协会曾在1846年5月10日召开的筹备会上发表过第一个声明，如果读者们看过这个声明，他们就会相信，这是我们主要的理念：

"交换跟财产权一样是一种自然权利。每个生产或获得了某件产品的公民，都有权利自行处置自己的财产——是自己留着，还是给别人，或是在他本人同意交换的前提下，给予我某件我所需要的东西。而在他并没有违反公共秩序和道德的前提下剥夺他的这种能力，反而要求他去满足别人的需求，实质上就等于把掠夺行为合法化，违反了正义的法律。"

---

1 1846年，巴斯夏协助创办了波尔多自由贸易协会，之后不久，他就被任命为巴黎自由贸易协会的秘书。——译者注

"再进一步说，这种作法破坏了公共秩序赖以维系的环境；因为，假如社会中的每个成员都想一手操控法律，都想利用公共警察的力量，靠压制其他行业取得成功，那么，这个世界的秩序会变成什么样呢？"

我认为问题绝不仅只涉及关税，因此，我还要说：

"我们签署了此声明，并不表示我们反对国家对通过其边界的商品征税的权利，只要这些税收是为公共开支所用，只要是因为公共财政的需要才确定税收，我们并无任何异议。

"但是，如果税收的目的是为了排斥外国产品，为了人为地抬高某种产品的价格不惜牺牲国库的收入，强求整个社会为某个阶级的利益让步，为了对其进行保护，甚至不惜去掠夺他人，那么，税收就不再具有财政的性质，那么，这一原则就是本协会所竭力反对的，我们也对天发誓，一定要将其从法律中彻底清除。"

当然，假如我们仅仅以立刻削减关税为目的，假如我们像一些人所形容的那样，是在为某种商业利益代言，那么，我们一定会非常小心，不把意味着某种原则的词写在我们的旗号上。其实我们自己就已预见到，这份向不公正开战的宣言书势必会给我们前进的道路平添很多障碍。我们很清楚，可以通过侧面迂回和掩饰目标，让我们的思想半遮半掩，这样，我们就能更迅速地获得胜利或者是部分的胜利。然而，这种胜利其实是非常短暂的。有人要问，它能挽回、保护财产权的大原则吗？我可以很清楚地告诉你，这是很难的，因为这些问题只是我们的背景，根本不在我们讨论的范围内。

我再说一遍，我们强烈要求取缔贸易保护主义制度，不是把它视为善良的政府采取的某种措施，而是将其视为一种公正，视为一种自由，视为权利高于法律这一观念所取得的成果。我们不应该让那些容易让人误解的言辞掩盖了我们真实的意图。

我们不同意让我们的协会的名字带有某种诱惑，隐藏着某个陷阱、某件令人惊奇的事或某种模棱两可的话，而是直截了当地表述某种秩序和正义的永恒原则。迟早有一天，人们会认识到，我们的这种做法是正确的。从本质上来讲，这个世界上只存在一种原则：只有这些永恒的原则才能照亮人的心智，让那些误入歧途的信念无所遁形。

原来，那些贸易保护主义者是通过利用关税手段来实现保护贸易的目标，现在，这些受苦受难的阶级则是利用其他手段来达到自己的目的，但总的来说，其原则却是一脉相承：利用法律手段从一些人手里得到一些东西，然后把这些东西给另外一些人。因此，地主和资本家们，如果那些比你们更不幸的人要求法律给予他们好处，你们就不要整天满腹抱怨了，因为你们过去也一直承认这个恶劣的原则。更何况，他们至少还具有某种你们不具有的资格。

人们最终会看到事情的本来面目的，他们会看清楚我们正在一步步走近深渊，因为这样首先就破坏了维持社会稳定的基本条件。富人今天被某种错误学说的侵害吓得惶恐不安，而为这种学说奠定了邪恶的基础的却正是他们自己。他们曾经满心相信这种学说可以给他们带来好处。这其实就是一个很大的教训，一个有力的证据，它证明世界上存在因果关系。不错，土地财产的所有者们，你们曾经破坏过我们思想中正确的财产观念。这种正确的观念是政治经济学给予我们的，可你们却一度禁止这种观念，原因就在于，它以财产权的名义反对你们拥有的不公正的特权。如果信奉这些令你们惊恐的新派思想的人士掌了权，你能想出他们做的第一件事是什么吗？按照当前的形势，政治经济学一直在反对利用法律手段均分财富，所以他们做的第一件事肯定就是压制政治经济了。你曾经这样做过，而今，别人正在学你们做同样的事情。你们要求法律给予你们的东西，是任何一个社会成员都不应该向法律提出的，也是法律所不应当给予任何人的。你们要求法律给予你们的，不是你们应有的正当权利，而是某种额外的价值。这种价值不应当属于你们且多于你们所应得的，而为了最大限度地满足自己的要求，侵犯他人的权利是在所难免的。而今，你们的愚蠢已变成了一种普遍的愚蠢。如果你们想要躲开会伤害你们的风暴，那么就只能选择一条路：承认你们的错误，放弃你们的特权，让法律走上正规的道路，把立法者约束在其正当的职责范围之内。你们攻击过我们，摧毁过我们，因为你们根本就不理解我们。现在，你们意识到，是你们亲手挖出了一个深渊，然后又自己跳了进去，于是，你们慌不择路地到我们这里来寻找捍卫财产权的权力，要我们赋予这个词最宽泛的含义，让我们揭示财产权同个人能力的关系，而不管这些东西是通过劳动获得还是通过交换得到的。

我们所捍卫的理论，因为它简单得不能再简单，朴素得不能再朴素，所以招来了很多反对之声；我们的理论仅有的一点要求就是法律为所有人提供安全保障。政府职能可以减少到这种程度，简直令人难以置信。而且，这种理论把法律限制在维护普遍的公正的范围内，因为这种理论仁慈友爱，所以被排除在外、备受指责。从政治经济学的角度来看，这种责难毫无道理可言。

7.商人们的请愿书

下面是蜡烛、烛芯、灯笼、烛台、街灯、烛剪、灭火器制造商以及牛油、原油、松脂、酒精生产者及一切涉及光亮的厂商给议会议员的公开信。

尊敬的议员们，

先生们，女士们：

你们真是太英明了。你们不同意实践抽象的理论，根本不考虑供给的充分与价格的高低。你们极为关注生产者的命运，让他们从外国竞争中解脱出来，也就是将国内市场还给国内的厂家。

我们有一个非常好的机会贯彻你们的……应该如何称呼呢？你们的理论？不妥，理论的欺骗性太强了；你们的教条？你们的制度？还是你们的原则？然而你们不喜欢教条，你们的制度很恐怖，至于你们的原则，你们不承认政治经济中存在着原则；于是，我们还是将其称为做法吧——不讲原则、缺少理论指导的做法。

我们的市场受到了外来市场的极大冲击。外来照明设备生产商拥有比我们国内优越很多的生产条件。他的产品以令人难以置信的低价格如潮水一般涌入，占据了国内市场。只要他在市场上，我们的销售就会被终结，将没有客户来光顾我们的产品。法国的一个拥有无数厂家的产业顷刻间就会陷入停顿的境地。这个竞争对手不是别人，正是太阳，它无情无义，与我们进行竞争。我们怀疑它是受背信弃义的阿尔比恩的指使的，因为它对这个傲慢的岛国尊重有加却对我们视为不见。

求求你们一定要通过这项法律，规定关闭一切窗户、屋顶窗、天窗、百叶窗、窗帘布、窗扉、小圆窗、舷窗，堵住所有出口、洞口、裂缝及一切阳光可以进入的缝隙，如此一来，太阳光就无法进入房间，阳光要是进入了房间，那么就会使产业的公平受到损害。我们很骄傲地说，我们的国家不是冷酷无情的，它不会对我们遭到的不平等竞争坐视不理的。

尊敬的议员们，请仔细考虑一下我们的请求，不要对我们不理不睬，至少在拒绝之前请允许我们讲述我们的理由。

首先，如果你们想尽一切办法关闭所有通道禁止自然光线的进入，那么，就使人造光的需求增加了，法国所有的行业都会因此而受益。

如果法国有更多的动物油需求，那么他们就需要更多的牛和羊，于是清理过的土地就会增加了，肉类、羊毛、皮革，特别是农业生产不可或缺的肥料也增加了。

如果法国有更多的油料的需求，那么罂粟、橄榄和油菜籽的种植面积就会扩大，虽然这些作物具有很高的经济价值，但是同时对土壤肥力的要求非常高，而饲养牛羊带来增加的土地肥力恰好能够派上用场，使土地获得更高收益。

遍布于荒野的将是含树脂的树种，这些价值不菲的植物散发着迷人的芳香，吸引着蜜蜂三五成群地从群山中飞来，农业的各个部门因此都得到很大的发展。

水运的情形也是如此。数以千计的船只加入到捕鲸的大军之中，很快就可组建起舰队，彰显我法国的威严，同时使参与请愿的厂商、船用杂货商等的爱国热情得到激发。

那么巴黎特色产品将会发生怎样的变化呢？今后你将看到在各大百货商店柜台里摆放着镀金、装饰有青铜和水晶的烛台、台灯、船用物品和枝状大烛台，它们个个都光彩夺目，从此再也不会沦为杂货摊的商品。

同时沙丘高地上的树脂采集工不再潦倒，矿坑深处的矿工不再穷困，而且他们的工资会不断提高，享受到持续繁荣带来的好处。

先生们，你们只需做出一点点反应这些就会成为现实。只要你们相信，从具有万贯家财的昂赞公司股东到最卑微的火柴商贩都会从中得到好处。我们的请求要是不能获得支持的话，那么每个人的状况都不会有丝毫改善。

先生们，我们已经预计到你们不会同意的自由贸易理论并不是你们从迂腐的旧书堆中看中的唯一理论。你们运用并未立刻使自己信服的理论来反驳我们,我们对此向你们提出抗议;抗议你们在全部的政策制定中都贯彻这样的原则。

你是不是想要对我们说,尽管我们可以受益于这种保护,但对法国来说,没有任何好处可言,因为消费者将承担所有费用。

我们已经准备好答案了:

你没有权利维护消费者的利益。因为如果你们与生产者的利益发生冲突,那么你们总是会置消费者的利益于不顾。你们的理由是为了发展工业、提高就业。这次也概莫能外。

事实上,你们自己也预计这个请求会遭到拒绝。当谈到自由进口钢铁、煤炭、芝麻、小麦和纺织品非常有利于消费者时,"是的,"你说,"但是把它们拒之门外将十分有利于生产者。"那这样正好,允许自然光进入室内的确非常有利于消费者,然而如果禁止自然光进入室内将会非常有利于生产者。

你还会说:"事实上,一个人在经济生活既是生产者又是消费者。如果生产者从保护中得到好处,就会促进农业的繁荣。反之亦然,假如农业繁荣了,就能够接纳更多的工业品。"如此一来,如果你们对我们白天提供光亮的专权表示认可,我们首先会购买大量的动物油、木炭、植物油、树脂、蜡、酒精、白银、铁、铜和水晶用来进行生产;同时我们和数不清的供应商会变得富有,将会消费大量的国内产品,并使国内生产得以繁荣。

你可能会说太阳光是免费的，是上天赐予人类的恩惠，为了鼓励光亮的生产而拒绝天赐之物与拒绝财富本身有有什么分别呢？

然而如果你持这样的观点，那就会给你自己的政策造成重创，因为一直以来你都把外国商品拒之于国门之外，认为（或在很大程度上是由于）外国商品与免费之物相类似。你们为了满足其他垄断厂商要求并不是一个充足的理由，不能依此就把我们完全符合你们政策的请求视而不见。拒绝我们的请求就是因为他们似乎更有理由说服你们赞同下列等式：＋×＝＋－，或者说极为荒谬。

劳动和自然融合的比例存在很大差异，会因所处的国家、气候和生产的商品的不同而不同。自然对产品的贡献总是无偿的，只有劳动对产品价值的贡献才可以得到报酬。

里斯本产的橙子的售价仅为巴黎产的橙子的一半，是因为里斯本太阳能够提供足够的热量，且都是免费的，而巴黎的太阳不够充分，需要人工供热，这些必须从市场上才能获得。

所以，可以说产于葡萄牙的橙子免收一半的费用，换句话说，就是比巴黎产的橙子便宜一半。

因此，可以准确地讲，因为橙子是半免费（请认可我这种说法）的，所以你们才坚持对进口采取限制措施。你问道："法国的劳动怎么比得过外国的劳动，前者亲力亲为，而后者只需完成一半，另一半则由太阳来完成？"但如果一种商品由于半免费而被你们拒绝引入，避免陷入竞争，既然是这样，那你们又怎么对完全免费的产品敞开竞争之门了呢？你们要么是互相抵触，要么就应该在为避免伤害国内厂商将半免费的产品拒绝引入竞争之后，以更充分的理由、更大的热情拒绝完全免费的产品。

再譬如说，当一种产品——煤、铁、小麦或纺织品从国外进口，假如我们得到这件商品所需的必要劳动比自己生产所需必要的劳动少，其差额就是我们无偿获得的礼物，而且礼物的多少与差额的大小成正比。可能是1/4、1/2或3/4的产品价值。假如国外生产者的价格为国内的1/4、1/2或3/4，并且当赠与人与太阳一样只给予而不索取时就会出现这种情形。现在我们正式提出的问题——你们更在乎的是法国免费消费所得到的益处还是要保护处境艰难的生产？请你做出选择吧，但要合情合理。因为只要你仍然禁止从外国进口煤、铁、小麦和纺织品，原因就在于其价格接近于零，那你又怎么可以允许太阳提供照明，而且从早到晚太阳都是免费提供光亮的！

8.原材料

据说在贸易中用制成品换取原材料是有利的，因为国内劳动的基础就是原材料。

所以，顺理成章就可以得出这样的结论：竭尽全力为原材料的进口大开方便之门并阻止最终产品的进口才是最好的关税法律应该做到的。

于是，在政治经济领域，这是一个最为大家广泛接受的谬论。不仅仅是保护主义学派持有这样的观点，更为重要的是，这也是自诩为自由学派的人的观点。令人唏嘘不已的是，理由倒是很美好，做法却相当糟糕：不仅没有做出巧妙而有力的反击，还进行了不恰当的辩护。

自由贸易只不过是自由的一个方面：只有得到普遍的认可，才有资格被写入法律。但如果广泛接受成为一项改革成功进行的必要前提的话，那么一旦公众的思想受到误导就会变得不可遏制，而公众的思想不最容易受到以垄断理论为基础而建立的自由贸易观点的误导吗？

若干年前，三个法国城市——里昂、波尔多和勒阿弗尔发生了大规模反对保护主义制度的抗议活动。法国（事实上全欧洲都是这样）各地纷纷起义，他们高举自由贸易的理论旗帜。唉，这只不过是新瓶装旧酒。这依然是垄断的旗帜。与造反者明确反对的保护主义相比，这种垄断甚至更贪得无厌、荒唐可笑。这些请愿者利用我要揭发的谬论，无非是对国内劳动保护的理论进行了风马牛不相及的简单复制而已。

究竟什么是真正的贸易保护主义制度？让我们听一听德森特克里克对此是怎么说的：

"劳动是一国财富的源泉，因为我们需要的众多物品都是通过劳动创造出来的，丰富的物品也是财富的重要组成部分。"这些都是后面观点的前提。

"但产品的生产必须由国内的劳动来完成。如果由国外劳动来完成，就会造成国内劳动力的失业。"这段话中有一个错误。

"那么，一个农业国或工业国应该怎么做呢？应该确保市场上的产品在本国生产并来源于本国劳动。"这是上面得出的论断。

"因此，为了达到这个目的，征收关税以限制进口，在必要的时候还可以禁止一切国外生产的产品进入本国市场。"这是可供实施的手段。

让我们把这个制度与波尔多的请愿进行一下比较。

商品可以被分为三类。

"第一类是食物和原材料，由于这类商品中不包含人类劳动，一个明智的经济制度理论上不必对这类商品征收关税。"换句话说，对于不包含人类劳动的商品无须实施保护。

"第二类产品是初级加工品，其本身决定了应对这些产品征收一定数额的关税。"也就是实施一定的保护政策，因为按照请愿者的意思，这类产品还可以经过国内劳动的进一步加工。

"第三类是最终产品，这类产品不为国内的劳动就业提供任何机会，对这类产品应该征收最重的关税。"在此对劳动的保护可谓无以复加。

很明显，在请愿者看来，外国劳动给国内劳动的利益造成了伤害，这是保护主义制度产生的错误。

他们要求法国市场应该保证法国劳动者的利益，这正是保护主义制度不断追求的结局。

他们要求对外国劳动征收重税并实施限制，这是执行贸易保护主义制度的必要手段。

所以，认真想一想，波尔多请愿者的观点与贸易保护主义者的头号支持者德森特克里克的观点又有什么不同呢？

唯一的不同之处在于：劳动一词所涉及的范围不同。

德森特克里克推而广之，认为劳动所包含的任何东西，都应受到保护。

"劳动是一国的全部财富，"他说，"保护农业，保护一切农业；保护制造业，保护一切制造业——这一呼吁将会一次又一次、反反复复地向议会提出。"

在请愿者的眼中，所谓的劳动就是制造过程中进行的活动，所以他们仅仅主张对制成品采取保护措施。

"由于原材料中不包含人类劳动，理论上不应该对其征收关税。最终产品对国内的就业机会没有丝毫帮助，因此我们认为对其征收关税是十分有必要的。"

关于对国内劳动实施保护是否合理的问题，在此我们不予追究。在这个问题上，德森特克里克和波尔多的请愿者达成了一致意见。正如读者看到的，我们与他们站在截然不同的立场上。

我们需要明确一下，德森特克里克和波尔多的请愿者所说的劳动，谁理解得更为确切。

在这个问题上，我们必须要说，德森特克里克的理解比后者强1000倍，因为双方也许会有下列的对话。

德森特克里克说："你们主张保护国内生产的产品，你们认为如果在我国销售外国生产的产品将会相应地减少等量的国内劳动。可你们宣称，大量有价值的商品尽管可以销售，却不含有人类劳动，这些产品主要是小麦、面粉、肉、牛、腊肉、盐、铁、铜、铅、炭、羊毛、毛皮、种子等。

"假如你们可以向我证明劳动与这些物品的价值没有任何关系，我就认可对它们采取保护措施是没有必要的。

　　"然而另一方面，如果我可以向你们证明，100法郎的羊毛与100法郎的纺织品具有相同的价值的话，对这两种产品都采取保护措施就应当得到你们的赞同。

　　"那么，这些羊毛为什么也价值100法郎呢？难道不是因为这是羊毛的售价？而又是向谁支付的货款呢？难道不是以薪金、工资、利息和利润等形式向生产该产品的工人和资本家进行支付了吗？"

　　请愿者说："提到羊毛，也许你是正确的。但难道据此就可以得出一般性的结论说，一堆谷物、一块钢锭、一吨煤炭全部都是劳动的结果吗？这些难道不是自然的造化吗？"

　　德森特克里克说："毋庸置疑，自然的造化赋予的是这些物品本身，它们的价值却是通过人的生产劳动创造的。我说劳动创造了物质材料是错的，在这种错误表达的影响下，我还犯了许多其他的错误。人类创造不了任何东西，任何人也都不可能无中生有，无论是企业家还是农民。假如生产意味着创造的话，那我们的全部劳动都不可能是生产性的，你们商人的活动，甚至是我自己的活动都概莫能外。

　　"说农民创造了小麦是不恰当的，但说农民创造了小麦的价值却是可以的，也就是小麦经过自己的、国内雇工的、收割者的劳动而成为一种有模有样的物品。并且，经过磨坊主的劳动加工小麦不就变成了面粉，再经过面包师就被烘焙成了面包吗？

　　"假如人们自己制作衣服的话，就需要进行一些必要的程序。在劳动开始之前，必须拥有包括空气、水、热量、二氧化碳、照明和所有必需的矿物质在内的原材料。或许可以认为这些原材料中并不包含人类劳动，因为它们不具有价值，我不认为需要对这些原材料加以保护。然而，通过人类劳动这些物质首先转变为饲料，然后转变为羊毛，接着是纱线，再后来是布料，最后才被制成衣服。谁又能武断地说，整个制作过程，从农夫犁地时留下的辙痕到裁缝师傅手中的那枚针，没有包含劳动呢？

"制造业的最终产品通过工业各个部门的劳动得以在生产速度和质量上都有了很大提高。可以按照流程顺序来排定一件衣服各种操作的重要程度。你可以从主观上说，一开始的几道程序甚至都不能称其为劳动，而后面几道程序的重要程度就足以获此殊荣，可以得到被保护的特殊待遇吗？"

请愿者说："的确，我们以前觉得小麦与羊毛没什么两样，都不包含任何的人类劳动。但是，农民完全没有必要像制造业主那样身体力行或雇用工人来完成操作，这难道不是事实吗？农民也得到了大自然的恩惠，小麦中包含了劳动，但并不是只包含了劳动。"

德森特克里克说："然而，任何物品所具有的价值指的都是生产该物品所需要的劳动。我很高兴地看到在小麦的生产过程中大自然也贡献了自己的力量，我甚至希望人类的一切劳作都由大自然一手包办。但你们必须要承认，通过我的劳动我让大自然为我所用，当我将小麦出售给你时，请留意一下，我向你索取的价格的依据是我在此过程中付出的劳动，而不是大自然的恩赐。

"事实上，按照你们的逻辑法则，制成品也不可能由劳动来独立完成。难道自然没有给予制造业主以眷顾吗？难道他利用大气来启动蒸汽机，与我手把犁耕地有什么分别吗？难道重力原理、能量守恒定律和化学元素之间的关系是他的专利吗？"

请愿者说："好吧，这种情况仅仅对类似于羊毛的物品适用，但不可否认，煤炭的确是大自然的恩赐，唯有大自然的力量才能造就。煤炭这种产品中并不包含任何人类劳动。"

德森特克里克说："没错，大自然创造了煤炭，只是劳动创造了煤炭的价值。数千年来，煤炭深埋在地下数千英尺的时候并没有价值。有人来到这里并勘探到煤炭，这是劳动。这些煤炭还需要被一些人运到市场上去，这也是劳动。所以，如同之前所说的，你在市场上支付的价格，正是对加工运输等支付的劳动报酬。"

很明显，说到这种程度，德森特克里克的观点已经处于优势地位。原材料的价值与制成品的价值没有一点区别，代表的都是生产成本，也就是产品在市场出售前所投入的全部劳动。具有价值但不包含人类劳动的物品根本就不可能存在。从理论上讲，请愿者所做的区分是徒劳无益的，完全经不起实践的考验。因为经济优势的分布不是均衡的，这就使得从事制造业的1／3的法国人通过劳动生产的投入而获得了垄断的益处，而另外2／3从事农业生产的农民却陷入了竞争的漩涡，只因为不能称他们的生产为劳动。

毋庸置疑，由此可以得出这样的结论，对一个国家来说，进口所谓的原材料、出口制成品是最为有利的，不管这些原材料是否包含着人类劳动。

这是一种非常普遍并得到广泛认可的观点。

"原材料越丰富，"波尔多的请愿者说，"制造业就会越发达。"

他们接着说："原材料为进口国居民提供了无数的就业机会。"

"原材料是劳动的必需品，"勒阿弗尔的请愿者说，"应该逐步改变关税直到将关税税率降至最低程度。"

请愿者还认为，应该削弱对制成品的保护力度，不应该无限期地逐步降低，不是最低税率而应该直接降至20％。

"在别的价格更低、更丰富的物品中，"里昂的请愿者说，"制造商无一例外地都使用了原材料。"

所有这些观点的基础都是一种错觉。

我们现在清楚地知道，无论哪种价值代表的都是劳动。如果制成品的劳动比半成品的价值高十倍甚至上百倍，那么在全国范围内，制成品所赚取的收入就是半成品的十倍、百倍甚至更多。所以，人们就会这样考虑：生产100公斤钢铁，全部工人获得的收入仅仅是15法郎，如果用这100公斤钢铁制成斯普林斯手表，则收入就会骤增至10000法郎。难道有人会觉得15法郎的劳动收入比10000法郎的手表的收入中包含的利润要丰厚吗？

这种想法没有考虑到这样一个事实，即国与国、人与人之间所进行的交换的依据并不是重量或长度。人们不会拿100公斤钢铁去与100公斤斯普林斯手表进行交换，不会拿1磅未清洗羊毛去和1磅羊绒披肩进行交换，而被人们用来交换的是具有相同价值的物品。那么，等价交换的实质就是在等量劳动之间进行的交换。因此，出售100法郎的斯普林斯手表或仿制品的收益并不会比出售100法郎的羊毛或钢铁带来的收益多。

如果一个国家的法律得到了其辖区内所有公民的一致通过，税收政策经过了纳税人的认可，那么公众会在蒙在鼓里的时候受到盘剥。我们对通过原材料对我们施加的勒索浑然不觉，可以确信的是，每一个谬论都预兆着一次劫掠。亲爱的朋友们，如果你在某次请愿中发现其中存在谬论，请看好你的钱包，你应该有所察觉这就是请愿的真正目的之所在。

那就让我们设想一下，究竟是什么动机使波尔多、勒阿弗尔的船主们及里昂的制造商们秘而不宣呢？他们对农产品和工业产品进行区分又是受到什么力量的趋势呢？

"第一类产品（主要是原材料，不包含人类劳动），"波尔多的请愿者说，"是我们海运贸易的主要货源……理论上来讲，一个明智的国家对这类产品实行的应该是免税的制度……对于第二类（半成品）产品可以征收适当的关税。对第三类（最终产品，不再需要人类劳动）产品来说，我们的观点是应该征收最重关税。"

勒阿弗尔请愿者们认为："有必要逐步将原材料的进口关税降至最低，如此一来，航海设备可以得到持续的运转，从原材料的进口中获得了重要的、必不可少的劳动就业机会。"

可以说制造业主对船主们是感恩图报，就像里昂的请愿者所说的那样，"为表明制造业城市的利益并非总是违背海运城市的利益"，他们提出对原材料免征进口关税的要求。

不对。用这些请愿者的话来说，这两者的利益，都背离了所有农民和消费者的利益。

先生们，这就是你们真正的目的！这就是你们对经济进行精细分类的真正目的！你们企图通过法律的手段来阻止最终产品远涉重洋，而运费昂贵的原材料会为你们的货船带来更多的业务。沿海各国拥有更大体积的原材料，并且没有经过去粗取精。这可使你们的海运设备得到最充分的利用。这在你们眼中就是所谓的明智的经济制度。

依据这一逻辑，为什么我们不直接从俄罗斯进口连根、含枝、带叶的整株松树，从墨西哥进口未经提炼的金矿石而不是黄金，从布宜诺斯艾利斯进口气味难闻的带皮毛的动物尸骨而不仅是兽皮呢？

能够预见的是，一旦议会大多数人都支持铁路局的股东们，议会就会通过一项法律禁止产于科尼亚克的白兰地在巴黎销售。难道法律不能规定收取每桶白兰地的运费标准按十桶白酒的运费来计算吗？如此一来，巴黎酒业不仅获得了大量的劳动就业机会，而且火车也闲不住了。

人们究竟要过多久才能觉察到这个简单之极的事实啊？

如果增进总体福利成为工业、海运和劳动的目标，这将是有益的。但创造毫无用处的工业、建造多余的交通设施、增加不必要的劳动，不仅不能让公众从中获得益处，反而会让公众遭受严重的损害，陷入不利的境地。人们最终需要的不是劳动，而是消费，因此一切非生产性的劳动都是死损。向运送无用废品的海员支付报酬，这等同于付钱让他们用鹅卵石打水漂。因此，我们可以得出这样的结论，一切经济学的谬论，不管其形式怎样变化多端，其拥有的共同点都是将手段与结果混为一谈且损人利己。